은빛 날개
마음의 문

은빛 날개 - 마음의 문

초판 1쇄 인쇄일·2009년 12월 30일
초판 1쇄 발행일·2010년 01월 08일

펴 낸 이 | 정인욱 복지재단
펴 낸 곳 | 도서출판 고요아침
녹   음 | 라디오 서울 코리아 방송국
녹음편집 | 최동욱
성   우 | 최승완, 김혜경
편   집 | 이세훈, 정동열

출판 등록 2002년 8월 1일 제 1-3094호
120-814 서울시 서대문구 북가좌동 328-2 동화빌라 101호
전화 | 302-3194~5, 3144
팩스 | 302-3198
e-mail : goyoachim@hanmail.net

978-89-6039-271-7 (04810)
값 9,000원

ⓒ 정인욱 복지재단, 2009

은빛 날개 - 마음의 문

제2회 전국시각장애인 문학작품현상공모 입상 작품집

■ 발간사
마음으로 읽는 향기 있는 책

제2회 전국 시각장애인 문학작품 현상공모 작품집 『은빛 날개- 마음의 문』을 발간하게 된 것을 진심으로 고맙게 생각합니다. 이번에는 소설 장르까지 새로 추가하여 많은 작품이 공모되었고, 더욱이 새롭게 실시하게 된 제1회 청소년 공모의 우수작들도 함께 수록하게 되어 더 뿌듯합니다.

1993년부터 정인욱 복지재단은 장애인들의 사회복지를 위하여 일해오고 있습니다. 2005년부터는 시각장애인을 위하여 학술연구지원, 문화예술지원 및 다양한 체험학습지원을 실시하고 있으며 앞으로도 시각장애인들과 마음을 같이 하려고 노력하고 있습니다.

우리 재단에서는 문화예술지원의 일환으로 이 공모전을 시작하였고, 우수작을 뽑는 다른 공모전과는 다르게 입상자들 전원에게 작지만 소정의 원고료를 준비하였습니다. 시각장애인들이 문학적 재능을 발휘할 수 있고 앞으로의 비전을 가질 수 있도록 해야겠다는 뜻에서였습니다.

조금 서투르고, 조금은 덜 형상화가 되었다 할지라도 그 마음이 진솔하고 순수하면 가급적 많은 작품을 선정하도록 노력했습니다. 이 작품집 발간을 통하여 시각장애인들에게 문학 활동에 대한 자신감과 삶의 의욕을 불어 넣는 조그만 계기가 되었으면 좋겠습니다. 아울러 책이 보다 많은 이에게 읽혀져 여러분들의 순수하고 진솔한 마음이 세상을 풍요롭게 만들어 주기를 진심으로 기대합니다.

평소 시각장애인 문예창작을 지도해주시며 이 책을 발간하기까지 수고를 아끼지 않으시는 이지엽 교수님께 감사드립니다.

앞으로도 우리 재단과 공모전에 많은 관심을 가져주시고 주위의 뜻을 함께 할 수 있는 분들에게도 널리 알려주시면 고맙겠습니다. 마음으로 읽어야 더 향기 있는 책 『은빛 날개-마음의 문』의 발간을 여러분과 함께 진심으로 기뻐하며 늘 여러분께 주님의 사랑과 은총이 함께하길 기도합니다.

정인욱 복지재단 이사장 **정영자**

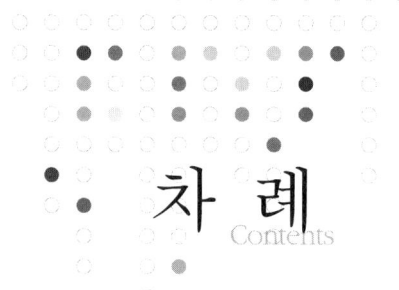

차례
Contents

발간사 | 4

시 부문

김복자
　행복한 사람 | 12
　은빛 날개 | 14

김영순
　떠나간 새 | 18
　아버지 | 19

김일경
　세상을 움직이는 작은 울림 | 20
　시간 속에 묻힌 시간 | 22
　카드게임은 사랑싸움 | 24

김제훈
　보이지 않는 벽 | 25

김판길
　장갑 | 26
　화병 | 27

김희옥
　노오란 가을 | 28
　비 오는 거리를 | 30

남몽해
　향긋한 향내 사라지고 | 31

박양현
　사철가 | 36

박영희
　석양 | 39

송우영
　오늘은… | 40
　유감 | 41
　희망사항 | 42

신성철
　담쟁이 덩굴 | 44
　탁발승 | 46
　소나무 | 48

안학준
　밤 | 49
　인생 | 50

오영란
　눈꽃송이 | 51
　말 없는 꽃 | 52
　시인의 마음 | 53

이준표
　마음의 문 | 54
　꽃잎과의 이별 | 56

이진규
　흰지팡이의 병상일지 | 57
　생일국수 | 58

이현정
　가지 | 59

이희준
　청대밭 | 60
　침향의 냄새 | 62
　단단한 고독 | 64

장영길
　가을 | 65
　호떡 아줌마 | 66

정애희
　겨울가지 | 67
　흰지팡이 | 68

정혜선
　첫눈 오는 밤 | 69

조승현
　잠자리 | 70
　별의 무덤 | 72

종광희
　싸릿대 | 74
　주름 | 75

황월분
　침 | 76
　엄마표 그리움 | 77
　산책로의 사월 | 80
　턱 | 82

황인라
　나무 | 83
　여름장미 | 85

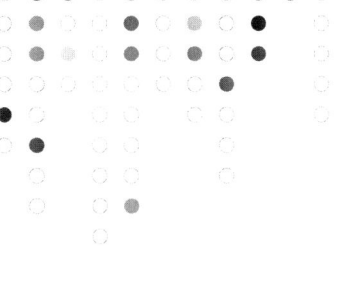

소설·수필·동화 부문

강춘석
　　김장 품앗이 | 90
　　초가집 | 95

김미선
　　가을에 | 98

김영순
　　토끼사냥 | 101

김주호
　　외출 | 105

김진섭
　　어둠 | 159

김판길
　　동행 | 165

서경애
　　아랫집 남자의 여자 | 169
　　고들빼기 같은 것 | 170

손희정
　　가을비 내리는 날에 | 174

신성남
　　허수아비들의 함성 | 178

안학준
　　한라산 등반길 | 187

이병훈
　　물고기 자리 | 190

이현정
　　가을이 오면 | 209

장영길
　　내가 사는 화성 | 214

정혜선
　　하늘이 울던 날 | 217

조승현
　　행복 그거 별거 아니더라 | 221

종광희
　　빗방울처럼 | 231

황월분
　　가을 | 233

■ 심사평
　　이지엽, 김정희 - 삶의 진정성 묻어나는 작품 많아 | 237

제 2회 전국시각장애인문학작품현상공모작

詩調

(재) 정인욱복지재단
CHUNG IN WOOK HUMAN SERVICE FOUNDATION

행복한 사람

김복자

푸르른 초원의 도심지
내 몸 거처할 곳 없어도
나를 기다려 주는 침대가 있고

강열한 열풍 불어올 땐
너울너울 훌라 춤 부채질 해주고
가스비 없어도
케비카에 의류와 침구
그리고 흰둥이를 태워 빙글빙글 돌리면서
호수가로 공원으로 떠돌다가
허기진 위장 햄버거로 채우고

험난한 세상 만난 기념일엔
울긋불긋 케이크 자리에 피자 한 조각과
허리 잘록한 와인 잔 대신
엄마 숨결처럼 보드라운 오렌지 주스 한 잔

꽃구름 떠가는 파란 하늘 아래
푸른 숲 공원

야자수 몇 구루 손님으로 초대 하고

햇님의 입김을 인생의 무게만큼
휘 휘 휘파람 소리 위로해 주는 벗 삼아
나 홀로 파티 즐긴다

은빛 날개

김복자

높푸른 하늘 아래 초원으로 펼쳐진 캘리포니아
내가 이주하여 로디 이름표 달은지도
세월의 산 일곱 고개 넘어

다팔다팔 보골보골
이제나 저제나 향기로이 후각 앞에
낙하하길 기대하지만

발그레 농익은 오렌지는
살랑살랑 부드러운 품에 안겨
실줄 타고 울 앞에 특 특
파아란 잔디 품속으로 특특

군침이 쉴새 없이
주루룩 흐르다 흐르다
목젖의 통증 참을 수 없어

은빛 날개 펼치고
힘차게 몸을 날려

붉은 국물에 갈증을 씻어낸다

당신의 포근한 품이 그리워

꽃샘바람 사이로 개나리 진달래
앳된 얼굴 환한 웃음 띄는 계절
나 어릴 적
포근한 팔베개를 하고 세곤거리면
은은히 풍겨 오던
향긋한 당신의 체취가 그리워서

경칩에 눈 비비며
텀벙텀벙
맑은 냇물 노 저을 때

그리움 찾아 꽃바람 품에 안긴
새 한 마리
푸드득 푸드득
파아란 물결 뒤따르다가

고요한 달그림자 철로에 싣고
멀리 사라져가는 기적소리처럼
아련히 들려오는 고운 메아리

꺼져가는 불씨를 부르는
당신의 음성 들려오는 듯하여

뭉게구름 속으로 빗살무늬 펼치며
푸르른 청공 나르는 철새 따라

태평양 건너
저 멀리 펼쳐진 수평선 너머로
하얀 물보라 부딪는 방파제 위에
그리움 찾아 지친 영혼
사뿐히 내려 앉아 바라보니

어스름 달빛 아래
뽀얗게 분단장 하고
올망졸망 새싹들 피우고저

꽃동에 달문을 나서던
우아한 거울 속 어머니
그리워하던 내 어머니인데

모닥불 피워 오르는 백사장에
파르르 내려앉은 새 한 마리 보고
모이를 주지 못해
안타까워하던 여인

지친 날개 사르르 펼치고 날아가 당신의 포근한 품에
안기고 싶습니다

떠나간 새

김영순

초사흘 달이
햇살이 뒹굴다 간 둥지에 내려앉는다.

찰박찰박
멀리서 어린 풀벌레 소리도
걸어와 앉는다

기다림에 곪고
그리움에 녹아진 가슴의 열기를 식히러 온
빛바랜 깃털 하나 품는다.

내 마음 물들였던
호숫가 빨간 봉숭아
두터운 어둠을 털고 마주보며 웃는다.

아버지

김영순

쿵쿵, 어둠을 깨고
여물 솥 삭정이 지피는 소리에
화들짝, 새벽이 눈빛을 보낸다.

마당한편 높다란 골감나무
몇 개 남은 까치 밥 붉기도 전에
내방 가득 거름냄새가 간다
쾌쾌한 아버지의 이마에
싸리비처럼 접혀 있는 세월
천 근의 하루가
염치없이 매달려 있다

세상을 움직이는 작은 울림

김일경

미생물의 꿈틀거린 몸짓은
침묵을 허락하지 않은 작은 울림으로
세상을 움직여 옷 입힌다

흙 속에 흩어지는 작은 울림으로
스며드는 따스한 체온은 퍼지고 퍼져
싹은 트고 숲은 자라고 뿌리 내린다
허공을 날아가는 작은 울림으로
하늘과 땅 사이에 퍼지고 퍼져나가
부딪히는 울림으로 소리 내고 숨 불어 넣는다
냇물이 퍼지는 작은 울림으로
물은 흐르고 물고기 날뛰어
강을 이루고 바다를 이룬다
끝없이 퍼지는 작은 울림으로
천천히 아주 천천히 바람을 달구어
세상을 한벌 한벌 한벌 한벌 옷 입힌다

빛줄기 퍼지는 곳으로부터 이 세상 끝자락까지
끊임없이 퍼지고 퍼져나가는 작은 울림

손가락 닿지 않은 영원으로부터
손끝에 느껴지는 퍼짐으로 느끼고
울리지 않은 울림이 귀를 열어
하늘과 땅 사이에 모든 만물의 노래 소리 듣고
작은 울림으로 세상을 움직여
꽃의 향기 퍼지고 사라지는 그 순간까지 퍼지기에
만물은 숨 쉬고 깨어 있음을

작은 울림이 퍼지지 않는다면
작은 울림이 되어 세상을 움직인다

시간 속에 묻힌 시간

김일경

나 이제 내 육신 버린다
얼음장처럼 차가운 광장에 문닫고
꿈꾸지 않은 곳으로 영원한 잠을 청한다

폭포는 침묵하고 숨소리 꺼지고
망부석이 되어가고 희미한 체온은 연기를 피워갔다
아픔에 아! 소리 내지 못하고 슬픔에 눈물 흘리지 못하고
기쁨에 웃지 못하고 분노에 가슴 치지 못했다
색은 물들지 않는 무색이 되어갔다

숨결에 체온 꺼지고 빗줄기 잘리고
어둠은 깨지지 않는 어둠으로 깨진다
빛의 눈물은 얼음 조각으로
눈물짓지 않은 조각으로 눈물 고인다
풀피리 요란한 들판에
겨울은 묻히고 봄은 오지 못하여
전신에 울린 전율 소름 돋지 못하고
두려움을 알지 못하는 두려움 늪으로
숨 고르지 못한 숨소리 없이 빠졌다

피어나지 못하는 꽃의 향기가 영혼을 채워
어둠이 걷힌 어둠은 다가오고
독버섯은 오장육부를 뒤흔든다
서른여섯 번의 빗줄기는 허공에 흩어지고
영원히 돌아오지 않은 어둠에 묻혔다

끊어진 숨소리 다시 숨 쉬는 소리에 숨쉬고
흔들리는 오장육부의 아픔으로
하늘과 땅 사이에 서있는 기쁨으로
잃어버린 하루의 그림자와 후회는 덮어두고
또 다른 아침을 맞이하는 기쁨으로 태어나
얼음장처럼 차디찬 광장에 문을 새롭게 연다

카드게임은 사랑싸움

김일경

서로를 노려보는 야릇한 눈빛
어제는 사랑을 부르짖고
오늘은 장미의 전쟁처럼
가시 박힌 눈초리와 말
카드를 두 손에 꼭 쥐고
그 안에 보이지 않는 마음

두 손에 쥔 그림을 보이지 않으려는 신경전
무분별하게 주고받는 패팅의 상처
각자의 손에 쥔 그림이 으뜸이라고 생각하는 신경전
그림을 열어 보일 때
누구에게도 돌아가지 않은 승리
웃음소리로 날아가 버린 카드놀이

카드를 펼치면 쉬운 것을
우리는 왜 열지 않으려 하는지
복잡한 세상처럼 미묘한 감정싸움인지
그리고 우리는 카드를 다시 섞고 있다

보이지 않는 벽

김제훈

구름도 바람도 가고 오건만
그대는 어찌하여 오가지 못하는가

나는 새들 짐승도 가고 오건만
그대는 왜 오가지 못하는가

철의 장막 보이지 않는 벽
그 무엇이관대

푸른 초목 금수강산 이루고 싶건만
그대 갈 길은 멀고 황혼길 접었으니

한 많은 마음 가눌 길 없어
북녘 하늘 바라보며 한숨만 지네

장갑

김판길

장롱 속에 있을 것만 같은
열다섯 살 누이가 헌 계실로
한 코 한 코 반은 졸음으로 짠
검정 벙어리장갑

한 짝은 눈길에 빠트리고
남은 한 짝 책가방을 들고 간다

그 손마저 시리면
입김 호 불어
언 손 녹여주던

살그머니 졸다 깬
해말간 누이의 자투리 웃음

화병

김판길

흰 바탕에 등 굽은 솔
그 위에 다소곳이 내려앉은
흰 새 한 마리

안방 벽에 걸린
끈 매인 목 긴 병 하나

꽃을 꽂아 두었던
병이었을까

동백기름을 담아 두던
기름병이었을까

어머니의 손때 묻은
시간을 건너온
그림 속 늙은 학

이윽히 눈 들어
목 축일 물가 바라본다

노오란 가을

김희옥

부딪쳐 터져 오는 짓무른 얼굴 하나를
외롭디 외로운 외길에서 만난다
까맣게 잊고 살던 가엾은 너를
금간 자리 패인 그 서러운 길 위에서 다시 마주친다

후두두둑 노오란 비가 어깰 흔들어
아직 철들지 못해 퍼런 까칠한 입술로
진실을 노래 부르고 이별을 이야기 해 간다

분바른 어여쁜 너의 얼굴을 짓밟는다
알몸뚱이 가슴을 짓밟고 간다

아무것도 못 본 듯
아무런 비명도 듣지 못한 듯
그저 홀로 끝없이 걷는다

그것도 어느새 싫증이 나서
그 투명하던 가을도 내버리고
겨울의 하얗던 순결마저도 외면한 채로

기약 없는 방랑길을 또 걷는다
세월의 어느 한 끝자락 붙들고서……

비 오는 거리를

김희옥

그래 차라리 비가 되버리렴
황토색 흙탕물로 구멍 난 가슴이라도 메꾸어지게
그렇게 차라리 알몸으로 짓밟혀 버리렴

오늘 당신의 모습으로 내내 마음이 무겁습니다
수많은 인파 속을 헤매고 다녀도
마음 한 곁 구석에 쭈그리고 앉아 고독을 날리는 당신 모습
이젠 손 쓸 수조차도 없어 뒤안길에 발걸음 멈추어 버린 당신
아직 후회 하진 말아요
비가 내리면 내려지는 대로
차라리 가슴을 모두 비워 버린 채
탈탈 털어서라도 모두 내어 주십시요
어느 누구도 혼자이지 않은 사람은 없단 그 구절이
다시금 제 마음을 울리며 맴돌아갑니다
이렇게 온전히 그대 곁에 다가 설 수 없어도
언제고 당신 그림자 지울 수 없습니다
부디 다시 일어 서십시요
간절한 마음으로 행복을 빌면서
비오는 거리를……

향긋한 향내 사라지고

남몽해

흙냄새 풀 냄새가 배어 나오고 고요 찬 안개 속에 먼동이 튼다
긴 밤 지세노라 지친 나래엔 아쉬움의 진주 이슬 눈물짓는데
초록 새 맴돌든 바람 하나가 촐랑대며 다가가 두 뺨 부빈다
조름 섞인 꽃망울 귀찮듯 갸우뚱 고개 젖는데
살그머니 내려앉은 아침 햇살이 말리는 척 끌어안고 입을 맞추네
기운 고개 흔들 흔들 기다린 듯 좋아라 파르르 떤다

오랜만에 벗들이 온단다. 장미를 자랑 해야지
꽃잎에 둘러싸여 꼭 새아씨처럼 맵시 낸 꽃분홍은
예전에 엄마가 바르던 분 냄새야.
늘어진 가지에 가려 새침대기 연분홍 장미 봐. 화사하기도 하지?
또 애는? 막 피었나봐 풋풋하고 꽃송이가 얇은 게 꼭 보드라운 아가 뺨 같잖아.
내가 제일 아끼는 노랑 장미야! 고갤 쏙 내민 것 봐! 주먹만한 게 우람도 하지?

어떤 색보다도 잘 띄어 나의 신호등이다.
나는 쾌청한 날도 흐리게 느껴져 실수를 할 때가 가끔 있다.
강열한 빛이 내 눈을 찔러 희뿌옇게 하여 그저 약간 흐린 날이 내게는 잘 보이는 편이다.
오늘따라 웬일일까? 모든 것이 뿌옇고 너무나 낯설게만 느껴지니
눈을 부벼보고 크게도 떠보지만 마찬가지
이쯤에 오엽송이 있었는데, 바로 여기구나
노란 장미가 보이질 않아 조심스레 몇 발짝 띄었더니 "여기 있잖아" 하며 잡아당긴다.
손을 찔러 아프지만 언제나 날 반기니 아마 너도 내가 퍽이나 안쓰러운가봐
그나마 옅은 분홍이나 노랑 색깔은 어렴풋이 분간을 하나 짙은 빨강색과 검은색은
거의 회색으로 보이며 산뜻한 초록잎 마저도 흐릿하게 보이니
손으로 만져야 겨우 모양을 알 수 있기에 살짝 어루만졌는데도그만 연분홍 장미는 피지도 못하고 끝내 몽우리가 떨어지고 말았잖아

아내가 이해는 하겠지만 앞으로 계속 손으로 더듬어 볼 수 있을까?

하얀 게 꽃인 줄 알고 다가섰더니 나는 것 아니야!
너무나 놀랍고 신기하여 쫓아 가보지만
나풀거리는 날갯짓은 또렷이 볼 수는 없지만 틀림없는 나비야!
다신 못 볼 줄 알았는데 나비를 본거야
가슴이 쿵덕되며 눈물이 핑 돈다. 아! 이 기쁨 얼마만인가
발갛게 달은 얼굴 금빛 햇살 마주 보며 환하게 웃음 보낸다.

오늘 날씨가 어째 꾸물꾸물 하구나.
우리 사랑 노란 장미가 송이도 고개 숙이고 잎사귀마다 밀라 있으니 갑자기 웬일일까?
향내에 푹 젖어 코 대고 있노라면 젖을 빠는 아기가 되기 일쑤인데
속살로 파고들 땐 희열에 부들 떨었고
뽀얀 햇살 아래 미소 지며 반겨줄 땐 가슴 짠했어.
무척 아내도 좋아했는데 이상하다는 것이야.

눈앞이 흐릿해지며 침이 바싹 바삭 마르는데
'야! 파닥파닥 깨어나 툭툭 털고 일어나 주면 안 되겠니?
너! 알잖아 엊그제인가 몽우리가 유난히 많이 올라와 너만 특별히 퇴비를 주었었잖아.
아뿔싸 알고 보니 요소라는 구나!
내 눈이 흰색과 검은색도 구분하지 못하게 되었나
글쎄……. 또 내 눈을 원망하여야 될까? 아니야 내 눈은 훌륭해 나비도 보았는걸!

향긋한 향내 사라지고
쪼그리고 앉아 마른 꽃잎 하나둘 펴 본다.
긴 기다림 뚫고 따사했던 봄날 태양 오르듯
꽃 몽우리 한껏 터뜨리더니
네 모든 슬픔과 기쁨들도 이제 끝자락에 이르렀는가.
코끝에 향내 스칠 땐 하늘 나르고
돋친 가시 하나하나 나의 힘인걸.
저 높은 하늘 고독의 평원에서 잠시 쉬었다 올 순 없겠니?

물로 씻고 또 씻어 보는데 생명의 오고 감은 내 탓이 아니잖아?

갑자기 소나기다.

사랑하는 장미야!
훗날 너와나 만날 것을 난 확신해.
가물거리는 눈으로 내게 물을 주었고
네가 활짝 피기까지는 나도 얼마나 가슴 조리며 기다렸는지 알아?
네 생애의 최고의 순간들을 나는 똑똑히 기억한단다.
우아한 네 모습은 끌어안고 또 끌어안고 싶었으며
짙은 향내 뿜을 땐 아! 난 커다란 나비되어 날아다녔어
나! 이제 깔깔 웃으며 저 하늘 높이 날아
보랏빛 네 향에 안겨 슬픔의 응어리를 쏟아 붓고 싶어.

사철가

박양현

이 산 저 산 꽃이 피니 분명코 봄이로구나
봄은 찾아왔건마는 세상사 쓸쓸하구나
내 청춘도 날 버리고 속절없이 가버렸으니
왔다갈 줄 아는 봄은 한들한들 쓸데 있나
봄아 왔다가 갈려거든 가~거~라
니가 가도 여름이 되면 녹음방초 승하시다
예부터 일러주고 여름이 가고
가을이 돌아오면 한류 석류 유람해도
절개를 굽히지 않는
황금 단풍도 빽빽한 걸
가을이 가고 겨울이 돌아오면
황목산천 찬바람에
백설만 펄~펄 휘날려
허~헝 세계가 되고 보면은
월맥 설맥 재치백발이 와 든나
백발이 어찌 할거나 무정세월은 덧없이 흘러가고
일억천금도 아차 한번 늙어지면

다시 청춘은 어려워라
아~하 세상 벗님 네~야
이제 한말 들어보~소
인생이 모두가 백 년을 산다해도
병든 날과 잠든 날 걱정근심 다시하면
반년도 못 산 인생
아하 한 번 죽어지면
북망산천 흙이로구나
사~후에 반 반.
인수는 불효생전, 일배수만 못하드라
세월아 세월아 가지 말아라
아까운 청춘들이 다 늙는나
세월아 가지마라
가는 세월 어쩔거나
늘어진 계수나무 꿋꿋이 매달아놓고
국고투식 하는 놈과 부모 불효하는 놈과 형제화목 못하는 놈
차례로 잡아다가 저~세상
보내버리고

나머지 벗님네와
서로모여 앉아서
한잔 더 먹고 그만 먹게 하면서
거드럼 거드럼 그리고 놀아보~세

석양

박영희

노을 진 서쪽 하늘로 기러기가 들어가고
냇가에 구름 꽃 피듯 놀던
아이들의 물장구도 들리지 않는다
허리춤을 동여 메고
물속 더듬으면서 대사리 잡는
동네 아낙네들도 사라진 지금,
맑고 푸르렀던 내 마음을 기러기 따라 석양에 물어본다

오늘은…

송우영

활짝 핀 찔레꽃이
하얗게 반겨주는 아침 산책길,
송이송이 피어난 그 꽃잎 만지다
왜 그리 서진이가 보고 싶은지

먼 남쪽, 호주에서 보내온
너희 세 가족사진을 본다.
아빠 엄마 사이에서 좋아라
함박웃으며 재롱떠는 네 모습
예쁘고 기특해 미치겠구나.

생각하다 돌아서면
또 생각나고
암만 너를 기루어도
목이 마르는 이 아침

나는
새가 되어
너에게로 간다.

유감

송우영

캄캄한 이 밤
향내 따라 먼 길 오시는 할머니를
나는 기다리고 있다.
고향 동산을 지키는 소나무 같이

열쇠꾸러미 어머니께 내 주시고도
제사와 손자만큼은
돌아가시기 직전까지
손수 챙기시던 할머니.

한 시간이면 오는 거린데……
밤 열한시다!
'바쁜 일이 있는 걸까?
날짜를 잊은 걸까?'

시시로 생각하는데
'제사에 참석 못해 미안합니다'라는
동생들의 문자 메시지가
파르르 떨고 있다.

희망 사항

송우영

당신이 병원에 있는 동안
'열정이 넘치는 여장부였는데.'라는
이웃사람들의 말이
난 듣기가 싫었어.
일에 대한 당신의 열정이
암을 불러들인 것 같아서 말야.

이제는, 책도 좀 읽고
시도 감상하고
멋진 카페방에 들러
자신의 생각도 글로 올리며
즐거운 시간을 가졌으면 해.

옅은 화장과 손질한 머리에
선글라스로 멋도 좀 내고
하고 싶던 여행도 하면서 말야.
그리고, 노을의 아름다움을 느낄 줄 아는
그런 낭만을 가졌으면 해.

당신과 나,
두 손 마주 잡고
마실 나간 저문 들녘 하늘
개밥바라기 손 내미는
그런 저녁이면 좋겠어.

담쟁이 덩굴

신성철

야!
네가 나처럼 눈이 안 보이는 줄은 정말 몰랐다
얼마나 보고 싶었겠니 저 푸른 하늘을
아침마다 말끔한 해님의 얼굴을
별, 달, 구름들이 숨바꼭질하는 모습을

너 혼자 마음속으로 얼마나 그림을 그렸겠니
아카시아 꽃을 맴새로만 느끼며
저들이 수군대는 소리에
네 속은 또 얼마나 뒤집혔겠니

더듬더듬 더듬어 돌부리 만지다
더듬더듬 더듬다 가시에 찔리며
여기 저기 더듬어 대문을 찾으려
손으로 손으로 더듬다 못해
온 몸으로 담벼락을 더듬는구나

내년엔 네 손에 막대 하나 쥐어 줄 테니
지팡이 삼아 짚고 바람에게 물어물어 더듬어 오다가

여기인 듯싶거든
주저 말고 문을 두드려 커다란 목소리로
날 불러 주렴

탁발승

신성철

몇 겁을 윤회해야 화택을 벗어날까?
몇 집을 두드려야 온전한 미소 하나 만날까?
속세를 끊고 편력을 떠난 세월
닫혀진 대문마다 조등이 걸린다
내가 나에게 보시 못 하는데
뉘라서 빈 바랑 채워 줄까만
무너져 버린 길을 반추하는 발자국
불화살로 내리 꽂는 천둥 번개에
흩어진 경전을 다시 한 번 추스른다

만다라 만다라 만다라
누굴 위한 탁발이더냐
만다라 만다라 만다라
무엇을 위한 행걸이더냐

경전은 족쇄가 되어 발걸음을 붙잡는데
바람에게 구름에게 경전이 있더냐?
가벼워지고 싶어
흔들리고 싶어

낡은 시간을 대면하며
텅 빈 목탁 소리에 얹혀
수미산을 오르는 뜯어진 바랑에 울음만 가득
화택 끓는 가마솥 같은 세상

소나무

신성철

언덕 위에 새한도가 걸렸다
나무는 긴 가지 뻗어
올 겨울 기울기를 가늠하며
한 뼘 두 뼘 다가오는 추위를 팽팽히 당겨 놓는다

걸핏하면 와르르 와르르 무너지는 세상
된바람에 무릎이라도 꺾일까
어둠속에 깊이 박힌 어금니 앙다물고
날카로운 속울음 가지 끝에 세워 가며 북서풍을 맞는다

바람이 불 때마다 제 그림자에 먹을 갈아
해 묵은 붓대를 잡는다
당기고 흘리며 획을 긋다가
돌연 삭풍에 붓이 꺾인다.

산까치 한 마리 안부를 묻고 간 뒤
나졸들 거느리고 금부도사 당도하듯
눈보라 휘몰아 한파가 닥쳐와도
언덕 위 소나무 새한도로 서 있다

밤

안학준

보름달은 활짝 웃어도 소리가 없고
슬피 우는 밤새도 눈물이 없어
긴긴밤 타는 내 가슴 연기도 없어라

인생

안학준

농부는 흙을 가꾸어
풍년을 이룩하고
축구인은 공을 다루워
승리를 만끽하고
시인은 글을 다듬어서
문단에 이름을 남긴다

눈꽃송이

오영란

가슴에 울리는 말 한마디 남기고 싶어
당신 마음을 둥둥 울리는
아름다운 북소리가 되고 싶어
사랑한다는 마음 한 자락 전할 수 있다면
소리 없는 소리가 되더라도
바람을 타고 날아가는 눈송이가 되어
당신 앞에서 춤을 출거야

붉게 타오르는 장미 한 송이
마음 안에 깊이깊이 감추어 두었어
어두운 당신 마음 환하게 할 수 있다면
차가운 바람타고 들판으로 나가서
길 위에 나뭇가지 위에 사뿐히 날아 앉아
하얗게 아주 하얗게
예쁜 세상을 만드는 거야
웃음꽃 가득한 밝은 세상 만드는 거야.

말 없는 꽃

오영란

길을 가다 넘어져 일어날 힘도 없을 때
밝은 표정으로
손을 내밀어
꼬옥 잡아주었어요.

상심한 마음은 아무 소리도 들리지 않을 때
가만히
말없이
내 옆에 있어 주었어요.

너무 아파서 울고 있을 때
살며시 다가와
내 아픈 어깨를
포근하게 안아 주었어요.

여러 가지 위로의 말들 보다
나에게는
이러한 말 없는 꽃이
제일 좋았어요.

시인의 마음

오영란

하늘을 보며 꽃구름이 되어 본다.
날아가는 새가 되어서
이미 당신을 향해 날개를 퍼득인다.
아득히 머언 당신을 향하여
영혼을 실어서 노래를 부른다.

비 오는 날, 창가에 서서
마음에 흐르는 빗물로 인하여
당신을 향하여 흐르는 강물이 된다.

이미 마음은 젖어들어
빗물은 강물이 되어
바다 같은 당신에게 흐르고 있다.

마음의 문

이준표

오랜 세월 닫혀만 있는 문
녹이 슬어 열려 해도 잘 열려지지 않는 문

누가 문을 노크할 때
한 번도 열어주지 않았던 문

밖을 내다 볼 수도 없었고
시원한 바람조차 들락이지 못했던 문

그것을 누가 문이라 부르랴?
그것은 그냥 벽일 뿐이지.

이제 부터라도 그 문을 활짝 열고
맑은 바람에 이 찌든 마음을
훨훨 씻어내고 싶어도

이제 아무도 노크조차 하는 사람이 없으니
언제 그 문을 열어볼까?

스스로도 열지 못하는 문
이제 제발 누구든 내게 다가와
내 가슴에 노크를 좀 해 주시요.

꽃잎과의 이별

이준표

그 집 울타리에 피었던 빨간 줄장미
이제는 꽃술이 다떨어져
바람에 흩날리네

떨어진 꽃잎들은 거리에 쌓여
채 사그라지지 않은 숨결을 고르는데
향기는 아직 그대로 남아 있네.

눈부신 그 아름답던 시간은 짧았어도
다시 올 날을 기다림은 오래일 듯싶지만

불꽃처럼 타오르던 그 치열했던 삶을 두고
이제 와서 어찌 꽃이 졌다고 말할 수 있으랴!

흰지팡이의 병상일지

이진규

남은 생 분지르고 혼절한 폐지팡이
발바닥 치켜들고 제 손금 짚어 본다
턱들과 눈치 싸움에 주름 잡힌 넋이다
각도에 귀 세우고 방향에 쫑긋댔다
벼랑 끝 허공 잡고 무당춤도 추었다
아찔한 매순간들이 등줄기에 간질댄다
일진에 내맡기고 눈치 없이 내디딘 길
문대고 되짚고야 발에 익은 길눈들이
휜 만큼 관절통으로 욱신욱신 도진다

생일국수

이진규

메밀가루 물 머금고 안반 위에 자리 펴면
홍두깨 몽둥이가 작업에 들어간다
감아라 뒹굴러주마 내 좋으면 그만이지
쫄깃한 푸념일랑 온 몸으로 조여 안고
질척이면 못 미친다 가루 쳐 도닥이며
투박한 군불솥으로 옛이야기 꺼낼 때
칼끝에 머리 풀고 명줄로 태어나던
어머니 손때 묻은 길고 긴 생일국수
메밀꽃 하얀 고을엔 까투리도 알 품었지

가지

이현정

어디서 구하셨는지 어머니
짤막한 동백나무 한그루를 커다란 화분에 심으셨다
추운 겨울을 빈 지갑으로 견디셨지만
동백나무가 어머니 온기를 받으며 살고 있었다
어머니 몰래 동백나무의 가지를 꺾으면서
생과 사를 점친다,
누구에게나 그렇듯 희망은 진통제처럼
어머니를 찾아왔다

한 가지 끝에 다섯 개씩이나 동백나무에 끝알만한 봉오리가
달렸다
가지를 쳐줘야 한데요 어머니
안타까워서 어쩌냐

꽃망울이 터진다
붉다
애착은 질투를 낳는다
어머니 그 해 꽃을 볼 수 없었다

청대밭

이희준

그대여
세상에서 얻은 이름이라는 게 헛바람일 때,
청댓잎 흔들림을 떠올리는가?
그 흔들림의 이 끝에서 저 끝까지
풋풋한 마음
아직 청대밭에 머무르고
그날에 머무르는 육신이
독뱀에 물린 것처럼 뻣뻣해짐을 아는가
그대여
세상의 소리라는 소리가 사라진 뒤에
비로소 남은 고요를 만날 때,
나른한 회억의 골짜기에서
속눈썹 깜짝이는
청댓잎 사운거림을 듣는가
어쩔꺼나
겨울잠 없는 청대밭 떠올리면
상한 들짐승 같은 삶일지언정
황톳길에 새겨지는
푸르디푸른 시가 되는 것을……

어쩔꺼나
겨울잠 없는 청대밭 떠올리면
마른 이파리 숨결 되어
내 건너
산 넘어
하늘 따라
나른하고 또 나른하게
수런수런 깃 치는
연둣빛 바람이 흐르는 것을.

침향의 냄새

이희준

누구는 그랬다지,
실파와 생강과
미나리와 새빨간 동백꽃,
거기에 바다 복지느러미 냄새를
합친 듯한 미묘한 향내라고,
침향의 냄새를.

누구는 그랬다지
슬픔과 기쁨과
고요한 경악과
거기에 하늘 향한 마음을
합친 삶이야말로
거룩한 인간의 냄새를 풍긴다고.

누구는 그랬다지
바닷속 천길 깊디깊은 곳에서
잠자던 침향나무의 고요야말로
참으로 달디 단, 고요라고.

누구는 그랬다지
새벽에 깨어
사람의 삶이 어디에서 왔는가
어디로 가는지 기도하는 사람이야말로
침향 같은 사람이라고.

단단한 고독

이희준

그저 잠시 머물다 떠나고 싶은 섬이었음을
아무에게도 무게지움이 없이
그저 있는 듯 없는 듯 떠 있고 싶은 섬이었음을
그러나 흐르지 않고 그대로 가만 고여 병든 바다
때로는 바람 불어 파도가 내 가슴을 후비고
부서지지 않으려
안으로 안으로 끌어안던 그 숱한 나날들
쌓이는 절망과 분노 속
터져버리고 싶은 아픔이었음을
벗들이여, 기억하는가
굳게 빗장 걸어 놓은 시간과
숨죽여버린 내 언어를
싸늘히 식은 내 단단한 고독을
벗들이여, 용서하라
방향 없이 부유하는 바닷새와 물고기 떼
함께 어울리지 못하는 내 사랑의
짧은 입맞춤을 또는 내 슬픔을

가을

장영길

나무에 흔들리는 나뭇잎이
울긋불긋 물들고
햇볕에 잘 익은 고염나무 끝에
고추잠자리 한 마리
하늘을 빙빙 돌더니
높이 솟구쳐 어디로 사라진다
새 찬 바람에 나뭇잎이 날려
길마다 뒹굴고
나무 끝에 걸린 지는 해가
작별을 아쉬워
긴 그림자를 남겨 놓고
산자락 끝으로 내 몸을 숨긴다

호떡 아줌마

장영길

눈 내리는 추운 날
제물포역 주차장 귀퉁이 호떡집
비가 오나 눈이 오나 그 자리
드나드는 사람마다 온정을 베푸는
아줌마
"어서 오시오 우선 호떡 하나 드시오"
따끈한 어묵국물에 호떡 하나를 건낸다
돈과 상관없이
들어오는 사람마다
훈훈한 마음을 호떡 안에 넣어
베푸는 아줌마
먹지 않아도
가슴이 뜨거워지는 것은
왜 일까

배고픈 어린 시절
군고구마 손에 쥐어주던
엄마생각 나게 한다

겨울가지

정애희

철따라 화려했던 나뭇잎
모두 떠나보내고
앙상한 가지마다
스며드는 찬바람이
마디마디 시려워서
겹겹이 솜이불을
쌓아 덮었구나

흰지팡이

정애희

고사리 같은 손으로
굳어가는 내 손을 기다린다.
보행을 애써 가르치는 어린 선생님.
곧은 길, 굽은 길, 패인 길
오르막, 내리막 길 날마다
등짝에 땀과 숨이 차온다
고맙다는 인사로
작은 손을 꼬옥 잡아본다

초가을 이른 낙엽이 얼굴을 스치며 떨어질 때
두 눈 사이에 짜릿한 전기가
목줄로 타고 내려 울음을 삼켰다.
너의 손을 잡고 가고 싶다.
높은 산 넓은 바다 출렁이는 강으로
봄꽃을 한 아름 안고
물든 들길을 내달리다 지쳐 보고 싶다.
나무에 기대어 숨을 고루며 눈을 맞추고 싶다.
화단 모서리에 앉아 너를 두 손으로 꼭 감싸 쥔다.

"어차피 너와 함께 가야 할 길인데……."

첫눈 오는 밤

정혜선

그래 그땐 그랬지
우리는 겨울 나무였지

머리에 하이얀 눈 이고 말없이 쳐다만 보다
서로의 입김으로 언 손 녹이고
돌아서는 가슴에
눈발만큼이나 쌓이던 무수한 말들

세월에 삭인 못 다한 말은
달빛에 잠긴 별이 되었다 해도
첫 눈 오는 밤이면
멀리 있는 그대 생각으로 언 가슴 녹이시

오늘 밤 그대도
나와 함께 추억 속으로 길을 내고 있는지

잠자리

조승현

빨간 고추잠자리 투명한 날개 아침 이슬에 젖었다
손끝으로 쓰다듬었다 꼼짝 않는 잠자리 고추잠자리
여름이 한참인데
해가 퍼지면 하늘 높이 날아오를 잠자리 고추잠자리
새까만 얼굴에 장난꾸러기 애들이랑 노는 잠자리 고추잠자리
윙윙 싸릿가지 휘둘러 보아라 용용
다시 검지로 젖은 날개를 살며시 쓰다듬어 보았다
잠자리 고추잠자리 여전히 미동도 않는다
갑자기 서러워진다 아직 오지 않은 가을이
가만히 눈을 감아보았다
바람에 삐꺽대는 대문 앞에는 대추나무
집 담장 뒤쪽에는 감나무
태어나기 전부터 거기서 우뚝 버티고 있었지
여름이면 대추나무에 매미소리가……
감나무는 푸릇푸릇 덜 익은 열매를 떨구었지
거기 우두커니 감나무를 올려다보는 어린 시절이 있었지
싸리비에서 회초리 하나 뽑아 앞마당에서 휘익 휭 휘둘러
잠자리 잡던 시절.

집 건너편 작은 우물 바가지로 퍼서 흘린 땀도 씻었지
우물 속에 두둥 뜬 흰 구름 앵두 꽃잎도 두어 개 두둥실
그 사이사이 버들치 붕어새끼 노닐다
이빨 빠진 금강새보고 놀라 도망갔었지
심술이 나 돌 한 개 집어 퐁하고 던졌었지
우물 속 파란 하늘에 바람이 일어났었지
서러움이다. 그리움이다.

별의 무덤

조승현

어깨를 움츠리고 하늘에 별을 바라보았다
별이 사라지고 있다
별 하나 나 하나 별 둘 나 둘,
바늘구멍만큼 보이는 눈 속에 그 많은 별들이 놀러왔었다
말하기 전에 미리 알고 쓸쓸한 마음을 달래주는 별을 보면 외로운 걸 몰랐었다
보고 듣고 말 못 하는 무지를 미리 알고
밤새도록 작은 꿈꾸는 이야기 들어주었다
가슴속에 고인 눈물도 대신 흘려주기도 했었다
환하게 웃는 별빛이 가슴에 들어와서 내 잠 속은 외롭지 않았다
보이지 않고 들리지 않아 고요한 적막 속에 사는 게 병든 삶이라면
외로움에 치를 떠는 것도 병이겠다
미소마저 잃어버려도 병든 삶이겠다.
그래서
내 잠 속에서만 잔잔한 별의 미소를 그린다
별은 어찌해 하얀 눈물인가
내 슬픈 것쯤이야 무시해도 좋은데

허구한 날 꿈속에서 내 말을 들어주는
소곤거리는 별의 말은 어느 때고 슬프다
내 잠속애서 깨어나면 아무라도 붙잡고 얘기 해 주고 싶다.
슬픈 별 이야기,
손짓 발짓 다 해서 얘기해 주고 싶다
목구멍에 걸려 말로 튀어 나오지 못하고 끙끙거리고 마는 하얀 별 이야기!
아무도 무슨 말인지 모른다
가슴속애 잠이 덜 깬 하얀 슬픔의 덩어리가 눈물을 찔끔거린다
보고 듣고 말하는 아흔아홉 개, 애초에 어디에 두고 세상에 툭 떨어졌는지
들을 수도 볼 수도 말가지 못하는 이 환장할 답답한 가슴속에
슬픈 별의 무덤이라도 하나 만들어야겠다

싸릿대

종광희

울타리가 되고
문이 되기도 하는
나는 요술쟁이

어쩌다 어쩌다
도깨비장난에
멋모르고 한바탕 춤추고 나면
얼빠진 체 내동댕이쳐진
빗자루 되지만

사람과 함께 해온 시간 속에
어린 아이들 곧게 자라라고
나! 선생님 된다

주름

종광희

내 지나온 날들이
당신의 겹살만큼이나 낡은 무게가 되었습니다

비누가 부서져 향기를 내고
거품 속에 아린 통증을 감췄습니다.

몇 차례 빨래를 헹구어내고
아린 아픔을
빨래처럼 꼭 짜서
미소 띤 햇살에 널어둡니다

맑은 물방울이
소리 내며 바닥에 떨어진
눈물을 들으면

마음은 왠지 우울하지만
햇살에 반짝이는 빨래를 보며
나는 웃습니다

침

황월분

밤송이를 털다가
밤송이에 얻어맞은 손등

검무르 부어오른
고슴도치 손을
눈물을 훔치며
뽑아보는 가시

끝내 까만 점으로
남고 말았네

엄마표 그리움

황월분

저녁어스름이 낮잠 깨워
투덜투덜 기지개켜는 도봉동 뒷골목
이마에 분칠하고 두리번거리는
난장이건물 옥탑방에서
안테나 한 가닥 타박타박 걸어 나와
남으로 남으로 추풍령을 넘는다
수신되는 이름은 아가 울음파
바로 누워도 모로 누워도
어느새 쪼르르 달려와
유두 간지르는 느낌표 하나
밀어내고, 얽매이고, 도망가고, 붙들린다
스물여덟 살의 안마사, 하여림 씨는
해산한 지 석 달토록 탯줄 못 자르고 산다

잠자는 아가 머리맡에 변명 하나 내려놓고
바람처럼 떠나온 그 아침이
무릎에 앉아 까르륵 젖트림하다
따르릉 따르릉
전화소리에 놀라 후다닥 달아난다

손님의 혈관 속으로 들어간 그녀는
손님의 지친 코 고는 소리를 삼키고
까맣게 흐르는 밤의 정적을 삼키고
귓전에 맴도는 아가의 울음소리를 삼키고
차마 못 참아 흐르는 눈물을 삼키고
돌아 나와 뱉어놓은 한 모금의 지폐가
지갑 속에서 흥얼흥얼 추석을 꼽는다

시어머니는 내복 한 벌과 양말 두 켤레
아기 아빠는 청바지 한 벌에 구두 한 켤레
우리 아가는 뭐든 다 사갈거야 다 다 다……

뒷텃밭의 옥수수만큼
우리 아가 키도 쑥쑥 컸는지
젖살 오른 아가 볼은
얼마나 방글방글 예쁠까
목욕물은 뜨겁지 않은지
우유는 차갑지 않은지
방송에선 모유가 좋다는데, 모유가 좋다는데……

남의 둥지에 제 알 맡기고 사는
도봉산 뻐꾸기 한 마리가
더 날 데 없어 뒤척이다
앞고름 풀고 우는 저녁
넘쳐흐른 젖빛 페로몬 향 사발 이고
추풍령 넘어가는 저 엄마표 그리움이여!

산책로의 사월

황월분

봄은 벌써 남산에 올라 처녀티가 난다
아침이 갓 난 햇살 한 타래 안고와
단풍나무 가지에 걸어놓고 기다리면
나는 서둘러 남산산책로에 오른다
바람은 꽃망울 터뜨린 그 촉촉한 손으로
내 안의 묵은 현기증을 꺼내어
아기풀 초록향을 뿌려 넣고
딱따구리는 휘몰이 장단으로 능선을 깨워
코끝에 5첩 꽃반상을 차리더니
귓가에 걸터앉아 집 짓는 얘기한다

잠시 어둠을 벗어 허리춤에 두르고
잡혔던 손을 빼어 홀로 나서자
삶의 누추들이 소스라쳐 고개를 꺾고
길을 막고 섰던 길이 선뜻 몸을 내어준다

발걸음이 고단한 자국마다 꽃내음을 덧칠함은
상실함 속에서도 삶은 우아한 것
봄처녀의 동정을 훔쳐 저 폐부를 적시리니

낯선 빛깔의 희망이 내 가슴에 징표처럼 고이고
만나는 사람마다 반가움을 덜어 이슬에 절여둔다
아우성의 세상을 발아래 내려놓고 우주를 당겨 안을 때
두 볼에 돋아나는 사랑의 큰 얼굴이여
봄은 4월에 기대어 숨을 고르고
지팡이는 토닥토닥 미소를 클릭한다

턱

                                                          황월분

길 가던 흰 지팡이가 무심결에 턱을 때리자
턱이 깎아지른 수직의 단애로 맞받아친다
지팡이를 기다리며 늘 말없음표로 매복하는 턱
턱의 느닷없는 발목걸이에 지팡이의 간은 수시로 떨어진다
불시에 덤벼들어 먼저 시비를 거는 건 지팡이지만
턱의 우뚝한 뚝심에 늘상 얻어터지는 것도 지팡이다
지팡이가 턱을 비켜 가는 일은 잘 안 된다
지팡이와 턱이 만나 때리고 맞는 건 업보다
턱이 없어 지팡이가 내 손에서 실직할 날은 언제일까
턱들은 평평함의 타협을 거부하고 지금도 음모중이다

나무

황인락

볼품없게 생긴
어린 나무 한 그루
거목으로 자라나면
푸르름이 웅장하다

사람은 아기 때
귀엽고 예쁘지만
자라나면서 욕심으로
눈꺼풀 무거워 추하다

알몸으로
바람을 껴안고
사람의 이름을 부른다

나무는 새들에게
곤충과 잎을 돌려준다

사람의 마음은 폴더상자 같아
채워도 채워도 채울 길 없어

나무를 통째로 베어 가도

나무는 대들보로
기둥감으로 석가래로
땔감으로 지팡이로

그루터기에 새겨진
선명한 나이테

여름장미

황인락

진한 향기를 숨긴
앙큼한 가시
밤마다 살 냄새를
풍기는 너에게
나는 포박된다

오색 불빛 아래
연체동물처럼 흐느적거리며
뒤섞는 몸짓

혀끝에서 비틀거리는
웃음과 말들이
알아들을 수도 없는
소리로 퍼진다

이글거리는 너의 젊음
꺾어진 날개로 나뒹굴고
가냘픈 너의 눈길은
숨겨놓은 마음까지

꼭 잡는다

시간 속으로 가라앉은
절망에서 일어나면
땅을 밀고 올라오는
여린 새순들이
햇살 가득한 초록나라

제2회 전국 시각 장애인 문학작품 현상 공모 작품집

제2회 전국시각장애인문학작품현상공모작

小說隨筆童話

김장 품앗이

강춘석

    시절이 좋아서인지 한 겨울에도 온갖가지 싱싱한 채소를 볼 수 있고, 반찬가게에 가면 겉절이 생김치 익은 김치 등 입맛 따라 사다 먹을 수 있다.
    식구가 좀 많다 해도, 김치 냉장고를 채울 만큼만 담기에
    십여 년 전 이맘때 같이 김장시장이 서서 높다랗게 쌓이던 배추더미를 보기는 어렵다.
    우리 집은 식구가 많아서, 한접반 이상은 담아야 겨울을 났지만 , 함께 살던 처남이 장모님을 모시고 분가 하고서는 김장 담근다고 부산 떨 일이 없어졌다.
    어머니의 손때가 가시지 않은 열두 말짜리 큰 독 두 개도 쓰임새가 없어서 헌옷 나부랭이나 담겨져 장독대에서 비켜 나 있다.
    달랑 네 식구 남았고, 모두 익은 김치를 좋아하지 않아서
    아내가 출근한 후에 배추를 절여 놓았다가 퇴근 후에 겉절이를 담갔다.
    액젓에 생새우도 넣어보고, 새우젓에 굴도 넣어보지만, 김장을 버무리면서 간도 봐 주고 한 쌈 받아먹던 그 맛은 나지 않았다.
    아내가 다시 못 올 곳으로 떠나 동생집으로 이사를 했고 그

때처럼 대식구가 되었으니 배추 150포기 김치를 담근단다.
　위층의 제수씨가 아침저녁으로 들며나며 챙기는 것도 고마운데, 그 많은 김치를 담근다니, 어머니 생각이 난다.

　영하 2~30도를 오르내리는 추위를 연탄 두 장으로 견디어 내던 59년 서울.
　서울역 뒤 만리동 꼭대기에는 고향을 등진 사람들이 모였다. 함경도 사람들과 전라도 사람들이 많았고, 다른 지역 사람들은 크게 드러나지 않았다.
　철도청 부지에 게딱지 같은 무허가 판잣집이 대부분이고 더러는 사유지에 번듯한 한옥도 있고, 일본식 양옥도 몇 채 있었다.
　아버지는 대목 일을 하셔서 우리 집은 그래도 블록 벽에 기와를 덮었다. 4인치 불럭 홑벽이라, 방안에 둔 걸레가 꽝꽝 얼고 벽지에서 성에를 긁어내던 그 해 겨울 마당 수돗가에서 어머니가 나를 깨운 시간은 새벽 5시다.
　"석아, 어서어서 씻자. 아주머니들은 속이나 넣게."
　겨우 열한 살인 나를 맏이라고 기대시는가 보다.
　우리 남매들도 적지 않은데 친, 인척들이 초등학교 졸업하자마자 기술을 배우겠다고 올라와서 방 두 개가 복작복작 거렸다.
　많은 식구가 겨울을 나자면 200포기로도 넉넉하지 않다며 밤늦도록 다듬고 절였다.
　양복일도 배우고, 건축일도 배우느라 고단할 것이라며 방학이라 빈둥거리는 나만 깨우신 것인지. 더운물 떠다놓고 간간이 손을 담그지만 너무 시리다.

아침 해가 오를 때쯤에야 다 씻어 엎었다.

집안일 대충 정리하시고 오시는 아주머니들의 손에는 칼과 도마가 들렸고, 다 씻어놓은 배추를 보시고는 세상에, 세상에 하시면서 벌어진 입이 다물어지지 않는다.

눈매가 선 하신 어머니는 그냥 빙그레 웃으실 뿐이다.

"아줌마, 전 새벽 다섯 시에 일어났단 말이에요."

입술을 삐죽 내밀었다.

일손이 많아졌다고 쉴 틈이 난 것도 아니다.

꼬랑지 다듬어 방에 들이랴, 웃소금 뿌려가며 항아리에 넣으랴 바빴다. 그래도 노오란 고갱이 하나 뚝 뜯어 귀한 생굴 하나 넣어 싸 주는 배추쌈은 꿀맛이었다. 넙죽넙죽 받아먹어서 속은 쓰렸지만 고갱이 하나 뚝 뜯어 코 밑에 들이밀면 잔뜩 버무려놓은 속을 이리저리 뒤져가며 용하게 찾은 보물을 얹어 주셨다.

배추뿌리와 우거지에 숭숭 썬 돼지 고기국과 배추쌈에다 막걸리 한 잔씩 곁들여가며 점심식사를 하고서 아주머니들은 돌아갔다.

설친 잠에 언 몸을 녹일 겸 아랫목에 누웠다. 깜박 잠이 든 나를 깨우신 어머니 소복하게 담긴 김치 양푼을 건네며 집집마다 돌리란다.

어머니가 담으신 것은 통통하게 속을 넣어 다소곳 동여맨 통김치다.

어제 옆집에서 가져온 것은 배추 씻다 건져놓은 우거지 겉절이 바락바락 주무르다 보면 떨어져 나온 노오란 고갱이도 절반이상 섞이기는 했다.

'이왕 줄 거라면 좋은 것으로 보내지.'
받아먹기는 해도 적잖이 속이 상하셨던가 보다.
반가이 맞으시던 아주머니들이 속 넣은 통김치를 보고, 누가 이런 것을 받아먹겠냐고 똑 같이 언짢은 말씀을 하신다. 우리 김치 맛이 별로인 것 같아서 심부름을 하기가 싫다고 어깃장을 놓곤 했다.

포기김치를 받으면서 시큰둥해 하던 이유를 알게 된 것은, 김장철이 다 갈 때쯤으로 이 동네 풍습이란 걸 알았다. 공터에다 김칫독을 묻어 가리하여 겨울을 날 것은 묵혀야 그 맛이 날 것이니, 금세 먹을 수 있도록 갖은 양념 넉넉하게 버무려 나누었던 것이다.
여기저기서 내가 날리디 준 만큼 다시 돌아왔다.
"엄마, 우리가 보낸 만큼 다 돌아오잖아. 괜히 심부름만 시키고."
"석아, 그릇 밑바닥에 붙어 오는 것 안보이니?"
"엄마는 뭐가 딸려온다고 그래? 아무 것도 없구만."
"봐라, 인정이 붙어 다니잖아."

골목바람은 토끼털 귀마개 틈을 호비고 들었지만 손 시렸다는 기억이 없다.
    너무 오래되어서 까마득 잊은 탓인가?

초가집

강춘석

한로가 지났는데도 모기가 극성이다. 그래도 북쪽 산간 고지대에는 얼음이 얼었고, 눈도 내렸다.
예전처럼 매섭지 않은 겨울이지만, 이 때면 더욱 소 여물 익는 내음과 매캐한 연기 스며드는 고향집 아랫목이 그립다.
노란 새 짚으로 엮어 올린 초가지붕에 나폴나폴 눈이 내린다. '얼씨구 됐다! 참새 덫을 놓아야지.'
사흘 전에도 개구쟁이들이 모여서 두 패로 갈라 참새잡이를 갔다. 손전등과 한 발 남짓 비실비실 꼰 새끼줄 챙겨들고, 동네에서 먼저 이엉을 엮어 지붕 올린 이장님집 추녀를 수색했다.

우리 둘이 여섯 마리 창식이가 두 마리, 왕소금에 콕콕 찍어 먹던 그 맛에 입안에 침이 고인다.
간밤에도 서넛이 모여 했던 뒤짐질은 허탕이다. 내일 아침에 마당에 쌓인 눈을 쓸고 말고 할 것 없이 미리 덫을 놓아야지.
한 길이나 되는 싸리나무 채반위에 맷돌 한 짝을 올려놓고 빨래방망이로 한쪽 아가리를 벌려 놓았다.
왕겨와 견인줄은 내일 아침에 준비하면 될 테고. 여닫이문에 달린 창유리나 잘 닦아야겠다.

산도, 들도, 나무도 흰 눈에 덮이면 호로록 호로록 모여 들 게야. 쭉정이만 뿌리면 서운할 테니. 나락도 몇 줌 섞어야겠다.

동이 텄다. 방문을 왈칵 열어젖혀 내다보니 온통 새하얗다. 도시에서는 볼 수도 상상할 수도 없는 참눈이다. 종아리까지 푹 빠진다. 어라, 이게 아닌데. 참새 덫은 어떡하지? 저 눈 다 녹자면 춘 삼월 방학이 다 가면 서울 가야 하는데…… 큰아버지가 나오시며, 석아 눈 치우자 하신다.

"어떻게 저 많은 눈을 쳐요. 넉가래로는 어림도 없다구요."
"인석아 누가 넉가래로 치라 하던? 눈사람을 만들면 되지!"
어이가 없다. 큰아버지가 아이들처럼 눈사람을 만들자 하시니. 나, 원참. 형과 누나 여동생도 방문 앞에서 부터 눈을 굴린다. 장갑을 끼고 나서서 눈덩이를 굴려 몸통을 만들었다. 그런데, 아무도 머리를 만들지는 않았다.

이제는 몸통이 너무 커서 혼자서는 굴리지도 못한다. 이마에는 땀이 솟는데, 젖은 장갑속의 손이 곱고 떨어져 나갈듯 시리다.

여동생이 검정 고무신 한 켤레를 더 들고 와서 나에게 건넨다. 젖은 장갑 대신에 손바닥에 씌우고 눈을 굴리면 훨씬 포근하다. 둘이서 눈덩이 하나씩을 맡아 살짝 밖으로 몰아 내굴렸다. 경사진 골목을 굴러가 논바닥에 쿵 하고 쳐 박힌다. 아직 보리순은 날 생각도 없었기 망정이지, 지난여름에 농사 망친다고 고래고래 지르던 논 주인 할아버지가 퍼뜩 떠오른다. 타작마당의 눈은 대충 치웠으나 뒤뜰에 눈이 남았다. 어제 설치했던 채반을 끌어다가 다시 놓았다.

참새 눈에 잘 띄도록 왕겨도 넉넉하게 뿌렸다. 채반 밑에 나락도 듬뿍 뿌려놓고 골목길로 나선다.

암만, 오늘 같은 날에는 토끼몰이가 제격이지. 동산을 후울쩍 넘은 햇님이 활짝 웃는다.

가을에

김미선

 이른 새벽 싸늘한 감촉이 살갗에 흐른다. 그 선율을 타고 흐르듯 귀뚜라미 소리가 가슴을 아리게 한다.
 바람이 많이 부는 가을 저녁이면 유난히도 밤이 많이 열리는 어린 시절의 고향이 생각난다.
 나는 산에 올라 주운 밤으로 소풍 때면 계란 대신 삶아 갔던 희미한 기억이 가슴 한 켠을 적신다.
 이맘때면 어머니는 형제들 몫의 항아리를 준비해 두신다. 그 속의 하루하루 채워지는 밤들을 보는 얼굴엔 소풍이 그려져 있었다.
 항아리가 채워지면 손가락의 헤아림도 바빠진다.
 동네의 당산에는 큰 밤나무가 세 그루 있었다.
 아름드리 크고 높아 장대로도 밤을 딸 수가 없었다.
 그래서 묵묵히 눈길만 마주치다가 밤송이가 벌어지기 시작하면 우리들의 몸과 마음이 바쁘다
 바람이 많이 부는 새벽은 그야말로 밤 줍는 재미가 쏠쏠하기에 아침 단잠의 유혹을 박차게 했다.
 밤을 줍는 마음은 늘 손보다 앞서고 발걸음은 이리저리 마음 위를 걷기 마련이다.
 눈길을 따라 재빠르다.

바구니며, 바지 주머니며, 불룩불룩 배가 불러서야 당산 옆으로 흐르는 도랑을 따라 집을 향했다.

어느 날인가 태풍이 밤새 불어 애간장을 태웠다. 나는 새벽잠 대신 하늘을 향한 간절한 기도에 혼적을 따라 당산을 향했다. 소녀의 기도가 하늘에 닿아서일까? 그렇게 세차게 불던 바람은 정적 속에 잠이 들었다. 밤새 불었던 바람은 우리에게 풍성함을 안겨주었다.

눈을 돌리는 곳마다 밤알이었다. 희뿌연 새벽이 물러나고 해가 솟는다. 새벽이슬에 젖은 아이들의 입은 채워진 밤송이만큼이나 벌어져 있었다. 학교에 늦을 새라 집집마다 부르는 소리에 시간이 많이 흘렀음을 알았다. 부지런히 발걸음을 재촉했다.

나는 급한 마음에 비탈길을 내려오다 그만 발을 헛디뎌 밤과 함께 나뒹굴었다. 여기저기 뒹구는 밤을 팔꿈치에서 피가 흐르는 것도 아랑곳하지 않고 주웠다

그런데 발걸음을 옮기려는 순간 꿈쩍 달싹 할 수가 없었다. 덜컥 겁이나 창피함도 무릎 쓰고 울음을 터트렸다.

집으로 뛰어간 동생의 부름에 달려오신 아버지의 등에 업혀 집으로 오면서도 고개는 자꾸만 흘려버린 밤들을 향해 있었다.

애써 주은 밤을 놓고 오는 마음은 아픔을 앞섰던 모양이다. 눈물이 났다. 아파서 우는 눈물보다 6년 개근상을 탈 수 없다는 아쉬움의 눈물이었는지, 아버지의 등에서 느꼈던 따뜻함의 눈물이었는지…….

오늘 고향에 와 밤나무에 대해 물었더니 이미 베어 버린 지 오래라 한다.

당산에 올라와 보니 그루터기만 남은 밤나무가 예전의 위용을 전설처럼 안고 쓸쓸히 당산을 지키는 아버지의 모습 같아 한참을 하늘만 쳐다보고 있다.

토끼사냥

김영순

　청남빛 하늘이 앙상한 나뭇가지에 조각보처럼 걸려 있었다. 살갗에 닿는 솔잎보다 더욱 찌릿한 산바람이 얼굴을 때렸다. 칠부 능선도 채 오르지 못했는데 대열 여기저기서 한숨과 신음이 터져 나왔다. 오늘은 우리 학교 전교생의 극기 훈련 날이다. 명칭은 극기 훈련이라지만 토끼 사냥이라는 표현이 옳을 것 같다.

　우리 학교 연례행사 가운데 내가 제일 싫어하는 두 프로그램이 있다. 가을 끝자락에 지옥 체험처럼 행해지는 '토끼 사냥'과 봄날 뙤약볕에서 몸서리치며 해야 하는 '송충이 퇴치 작업'이다. 송충이 잡는 것이야 집게나 들고 나무 사이를 서성대다가 몇몇 남학생에게 적당히 얻어 목표량을 채우면 그만이지만 토끼 사냥엔 그런 노림수가 통하지 않는다. 왜냐하면 총출동한 선생님들의 감시도 피하기 어렵고 이동할 때마다 인원 점검을 철저히 하기 때문이다.

　우리 학교 토끼 사냥은, 산 아래쪽에 테니스 네트를 이어 만든 그물을 치고 그 주변에 고학년 남학생들이 포진을 한다. 나머지 학생들이 산을 에워싸고 소리를 지르며 아래쪽으로 내려 달리면 다복솔 사이에서 낮잠을 자던 토끼들이 놀라 튀어 나온다. 토끼는 뒷다리가 길어 아래 방향으로는 잘 달리지 못한다. 주춤거리며 아래로 피하는 토끼는 그물에 걸리거나 포진해 있던 남학생들의 몽둥이에 맞아 죽지만 아주 약은 녀석이라 포위망에 약간의 틈만 보여도 번개같이 튀어 달아난다. 전교생이 동원 되었다할지라도 결코 쉬운 사냥은 아니다.

  선생님의 호루라기 소리가 긴 꼬리로 출렁이면 몽둥이를 들고 일정한 간격으로 서 있던 대열이 함성과 함께 아래를 향해 내달리기 시작했다. 얼마 내려가지도 않았는데 놀라 허둥대는 두 마리의 토끼가 보였다. 토끼가 가까이 달려 들 때마다 여학생들은 비명을 지르며 몸을 피했다. 누가 누구를 사냥을 하는지 모를 광경이었다. 무슨 일이 있어도 대열을 흩트리면 안 된다는 선생님의 지시는 여지없이 무시되었다. 벌어진 포위망 사이로 토끼는 사라지고 한바탕의 웃음과 책임 공방이 있고서야 대열은 다시 정비가 되어 산 아래까지 훑어갔지만 첫 번째 작전은 실패였다.
  선생님의 호된 꾸지람을 들으며 우리는 다시 옆의 산을 에워싸고 작전을 개시했다. 아래 저 멀리에서 우왕좌왕하는 토끼들이 보였다. 친구들은 하나같이 제발 제발 토끼가 제 쪽으로 선회하지 않기를 주문을 외듯 산 아래로 향했다.
  이후 목표 지점에 도달했을 때 죽어 있는 토끼 옆에서 '엎드려뻗쳐' 자세로 두 학생이 체육 선생님으로부터 매를 맞고 있었다. 그들은 교내에서 멋 부리기로 소문난 꽃미남 태길이와 샌님으로 통하는 정수였다.

선생님의 몽둥이가 닿을 때마다 정수의 엉덩이는 출렁였고, 허연 입김은 흙먼지를 피워 올리고 있었다. 체벌 이유는 정수가 발치까지 다가온 토끼를 두 마리나 놓쳤기 때문이고 태길이는 기절만 시켜도 되는 것을 여러 번 가격하여 토끼의 뼈를 부러뜨렸기 때문이라 했다.

점심시간, 도시락을 열었지만 차디찬 밥알이 입 안에서 맴돌기만 해 나는 이내 뚜껑을 닫아 버렸다. 금세 선생님의 호루라기는 우리를 불러 세웠고, 물 한 모금 제대로 마실 수 없는 산비탈을 가시덤불과 바위에 찢기고 멍들며 오르고 내리기를 반복하였다. 산그늘이 마을 하나를 덮을 즈음에야 이 지옥 체험이 끝났다.

걸음도 제대로 못 걷는 나와 친구 몇몇이 서로를 부축하며 산 근처 친구 집으로 들어갔다. 하나같이 널브러지는 우리를 보고 친구 어머니께선 이른 저녁을 지어 주셨다. 밥을 먹어서인지 조금 몸이 나아진 것 같아 나는 먼저 귀가를 서둘렀다.

읍내를 가로질러 나오는데 어디선가 낯익은 목소리가 나를 잡아 딩겼다. 수학 선생님 사택에서 흘러나오는 체육 선생님의 굵은 목소리였다.

나는 빠끔히 열려있는 창으로 안을 힐끔, 거렸다. 선생님 열대여섯 분이 토끼 사냥에 참여했던 차림으로 소주잔을 돌리고 있었다. "그 녀석들이 작전대로만 해 줬다면 더 많이 잡을 수 있었을 텐데 말이죠. 내년엔 기초 훈련이라도 하고 실전에 임하는 게 어떻겠습니까?" 젓가락에 고기 한 점을 꿰어 들고 체육 선생님이 목청을 높였다. 웃음과 박수와 여러 목소리가 되

받아 엉클어지고 있었다.
 불콰해진 선생님들의 얼굴 사이로 뭉글뭉글 토끼 형상과 절뚝이며 하산하던 정수와 태길이의 풀 죽은 얼굴이 부유하고 있었다. 역겨운 양념 냄새를 실은 돌개바람이 나를 골목 밖으로 밀어냈다. 애송이 저승사자들에게 깨지고 짓밟히며 살점을 떼인 수함산이 검은 울음을 울고 있었다.

외출

김주호

아침부터의 연이은 취재에 선민은 잔뜩 짜증이 올라 있었다. 오후 1시가 다 되도록 점심은 고사하고 아침조차 먹지 못하고 종종 거리며 뛰어 다니다 이제야 기사를 전송하고 한숨을 돌리고 나니 더욱 짜증이 올라 왔다.
"젠장 정말 힘들어서 이 짓도 못해먹겠다."
선민은 투덜거리며 요기를 할 곳을 찾다 한 커피 전문점에 붙은 브런치 세트 4,000원이란 문구를 보고 대충 때우자는 생각에 커피점의 문을 열고 들어 가 자리에 앉았다.

커피점은 밖에서 본 것보다 제법 크고 깨끗해 보여 선민은 일단 안심이라 생각했다.
잠시 후 종업원이 물컵을 내려놓으며 물었다.
"뭘 드시겠어요?"
훤칠한 키에 20살은 조금 넘어 보이는 잘생긴 친구였다.
"브런치 세트 주시고 음료는 커피로 할게요."
청년이 주문을 받고 돌아 서 막 바 쪽으로 가려 하는데 가게 문이 열리더니 한 남자가 요란한 웃음소리를 내며 전화기를 손에 든 채 들어 왔다.
"하하하, 물론입니다. 대표님 늘 감사하게 생각하고 있지요.

언제 저녁 식사라도 한 번 하셔야지요, 예 예."
 남자는 앉아 있는 선민의 등 뒤를 지나 바 의자로 가 걸터앉으며 계속 통화를 했다.
 "별 말씀을요, 어차피 한 번 가야 했던 자리라 간거니 신경 안 쓰셔도 됩니다.
 선민이 참 경우 없는 사람도 다 보겠다 생각하며 짜증난 얼굴로 흘끗 보자 의자에 앉아 등을 보인 채 통화를 하는 남자의 뒷모습이 보였다.
 그 남자를 잠시 째려 보다 선민은 흠칫 하며 남자의 왼손을 보았다. 거기엔 시각 장애인들이 들고 다니는 흰색 지팡이가 들려 있었다.
 그걸 본 선민이 좀 누그러진 얼굴로 그래도 조금만 작게 이야기 하지 하는 생각을 하며 종업원을 보니 종업원이 안절부절 못하며 선민의 눈치를 살피고 있는 게 보여 풋 하고 웃곤 고개를 돌려 오늘 취재한 인터뷰 기사를 훑어보기 시작했다.

 잠시 뒤 통화가 다 끝났는지 디릉 하는 통화 종료음이 나며 작은 목소리가 들려 왔다. 워낙 작은 소리라 제대로 들리진 않았지만 종업원이 뭐라 말하고 전화를 받던 시각 장애인 남자가 고개를 끄덕이며 자리에서 일어나더니 선민이 있는 테이블로 다가와 선민에게 말을 걸었다.
 "이거 손님이 계신 줄 모르고 큰 소리로 통화를 했습니다. 죄송합니다."
 선민은 눈치로 보아 이 남자가 가게 주인이란 걸 금방 알 수 있었다.
"별 말씀을요, 크게 방해된 건 없으니 신경 쓰지 않으셔도……"
여기까지 말하던 선민이 남자의 얼굴을 보곤 깜짝 놀라 자리에서 벌떡 일어났다.
"어, 선배님. 김범수 선배님 아니세요?"
의자가 뒤로 물러나는 소리에 반걸음 정도 뒤로 물러서던 범수가 자신을 알아보는 선민에게 의아한 듯 물었다.
"누구신지?"
"선배님 저 선민이에요 01학번 강선민이요."
그 말에 범수가 잠깐 놀라는 듯하더니 이내 반가운 표정으로 활짝 웃으며 말했다.
"강선민? 꼬마? 야, 너 정말 오랜만이다. 너 진호 밑으로 들어가서 생고생 하며 지낸다는 말은 들었는데, 너나 진호나 학교 다닐 때 그만큼 취재 밥 먹었으면 지겹지도 않냐?"
그 말에 선민이 웃으며 말했다.
"뭐 신배님도 민민치 않으시면서 그래요.
그러며 아련하다는 듯한 눈으로 잠시 범수와의 과거를 회상하기 시작했다.

선민이 범수를 처음 본 것은 1학년 2학기 중간고사가 다가오던 10월말 학교 체육대회 축구 예선전 경기장에서였다. 자의 반, 선배들의 애교 어린 협박 반으로 축구 응원에 나선 선민과 과 친구들은 전반전을 끝내고 들어 온 선수들에게 달려가 마구 닥달을 하는 서너 명의 예비역 선배들을 보게 되었다.

그중 짧은 머리에 붉은 헤드 밴드를 하고 선수들 앞을 왔다 갔다 하며 씩씩 거리던 예비역 선배 하나가 선수 중 하나를 향해 말했다.

"야, 고준석. 니가 답해봐라. 학회 사무실에 있는 축구 우승 트로피가 몇년 되었다고?"

"예. 십 년 되었다고 알고 있습니다."

3학년 과대표인 고준석 선배가 못마땅하다는 목소리로 답했다.

"그래 우리 신방과는 지난 10년 동안 단 한번도 축구 우승만은 놓친 적이 없다. 그런데 쪽 팔리게 고작 경영학과 애들에게 1대 0으로 밀리고 들어와? 니들 오늘 좀 죽어 볼래?"

그 말에 준석 선배 옆에서 계속 얼굴을 구기고 있던 4학년 강석이 말했다.

"그럼 형들이 직접 뛰던지요."

그러자 예비역 선배가 걸음을 우뚝 멈추고 강석 선배를 노려보며 말했다.

"최강석. 우리가 지금 애기들하고 축구 하고 놀 군번이냐?"

그 말에 강석 선배도 지지 않고 말했다. "그러니까 우리가 알아서 한다고요. 젠장."

그러자 예비역 선배가 강석 선배를 노려보며 물었다.

"너. 만약 나랑 제우가 후반 뛰어서 이 경기 뒤집으면 어떻게 할래?"

"그럼 우리가 형들에게 오늘 거하게 한번 쏠게요, 그럼 못

뒤집으면 어떻게 할 건데요?"
 예비역 선배가 씩 웃더니 말했다.
 "내가 돼지갈비에 소주로 제대로 쏜다. 할까?"
 그러자 선수들뿐 아니라 그것을 지켜보던 남학생들까지 킥킥거리며 앗싸를 외쳤다.
 그 모습을 지켜보던 선민이 옆에 앉은 미정에게 물었다.
 "미정아. 저 사람 대체 누구야?"
 그 말에 미정이 놀랐다는 듯 눈을 동그랗게 뜨며 말했다.
 "너, 저 선배 몰라?"
 "저 선배가 우리 학교의 전설이라는 김범수 선배잖아 동방불패 김범수."

 김범수 선배라면 선민도 신입생 오리엔테이션에서부터 귀가 따갑게 들어 왔던 인물이었다. 1학년 시절 학교 방송국 수습기자 딱지도 아직 못 뗀 새내기가 학교 식당에서 일어난 식중독 문제를 보도하다 학교 방송국 기자를 잘리기 직전까지 갔다가 산신히 모면하기도 했고, 방송 기자 시절 마이크 하나로 온 학교를 누비며 인터뷰를 하고 다녀 공포의 마이크라 불리었고, 학교에서 여학생 하나가 밤중에 도서관서 나오다 성폭행을 당할 뻔 하자 보름간 총장실 앞에서 일인 시위를 벌여 보안등 설치를 만들어 내는 등 수많은 화제를 뿌리며 학교생활을 하다 3학년 2학기를 마치고 군 입대를 했던 선배.
 복학을 해서 4학년으로 선민과 함께 학교를 다니고 있었다.
 범수 선배가 유니폼으로 갈아입으며 말했다.

"좋아. 나중에 후회하고 봐달라는 둥 이딴 소리 하기 없기다."

그리고 후반이 시작되자 선민은 왜 범수 선배가 반칙왕이라 불리는지를 알 수 있었다.

제우 선배와 함께 심판의 눈을 피하며 하는 교묘한 더티 플레이에 상대 선수들이 당황하는 사이 범수 선배가 한 골을 제우 선배가 한 골을 넣어 결국 경기는 2대 1 역전승으로 끝이 났고, 나중에 들은 이야기로 그날 후배들은 돈을 모아 소주를 다섯 짝이나 사야 했다는 후문이 들려 왔다.

이렇게 후배들에게 우상이던 범수 선배가 시각 장애인이 되어 나타나다니 선민은 놀랍지 않을 수 없었다.

"선배 어떻게 하다가?"

"눈에 뵈는 게 없게 됐냐고?"

범수가 웃으며 말을 받았다.

그리곤 4년 전에 사고를 당해 실명하게 된 이야기를 남의 이야기인 양 담담히 했다.

난 원래 눈에 뵈는 거 없이 살았으니 시각장애가 잘 어울리지 않느냐는 농담에도 선민은 웃을 수가 없었다. 이야기를 다 들었을 무렵 선민은 문득 범수가 학교를 졸업한 직후 KBC에 취직을 했다 석 달 만에 선배 PD를 두들겨 패고 쫓겨났다는 이야기가 생각났다.

"그럼 방송국 그만 두고 나서 얼마 안 있다가 다친 거네요?"

그 말에 범수가 크게 웃으며 물었다.

"너. 내가 왜 방송국에서 쫓겨났는지도 들었냐?"

선민이 고개를 끄덕이며 "선배는 그 성질머리부터 고쳐야 한다니까요" 하자

범수는 "나, 이 성질 고치란 건 죽으란 이야기거든. 오랜만에 만나 교묘하게 선배를 보내 버리려 하냐?

선민은 장애를 입었음에도 변하지 않은 범수의 성격에 조금 안도가 되었다. 그리고 잠시 침묵이 흐른 뒤 범수가 문득 생각이 났다는 듯 선민에게 물었다.

"너 오늘 바쁘냐?"

선민이 잠시 생각하더니 "오늘은 별 일 없어요. 바로 퇴근해도 돼요." 하자

범수가 "그래 그럼 잘 됐다, 니 도움이 필요한데 너 오늘 하루 자원 봉사 좀 해라. 대신 내가 오늘 근사하게 저녁 한턱낼게."라며 선민을 쳐다보았다.

아니 이미 범수는 눈이 보이지 않았지만 선민에겐 그것이 응시하는 것처럼 보였다.

"그러세요, 저도 보서럼 좋은 일도 하고 선배랑 이야기도 더 나누고 좋지요." 선민이 흔쾌히 응낙을 하자 범수가 바에서 설거지를 하고 있는 종업원에게 말했다.

"야. 나, 나갔다 온다. 저녁 먹고 들어 올 거니까 혹시 늦으면 니가 정리하고 퇴근해라. 알았냐?"

설거지를 하던 청년이 인상을 구기며 말했다. "형은. 사장이 가게엔 안 붙어 있고 맨 날 밖으로만 쏘다녀요?"

"자슥아, 그러니 사장이지. 꼬우면 니가 사장 하세요.

까불지 말고 영은이 오라 해서 저녁 먹고 둘이 쎄쎄쎄 하고 놀고 있어라."
그리곤 지팡이를 들고 먼저 성큼 성큼 가게 밖으로 나갔다.

선민이 부랴부랴 따라 나가 보니 범수가 따스한 가을 햇살 속에서 팔짱을 끼고 환히 웃고 있었다.
범수와 선민이 제일 먼저 간 곳은 근처에 있는 몇몇 은행들이었다.
눈이 불편해 은행 업무를 도와 달라는 것이라 생각했던 선민은 범수의 연이은 행동에 당황하지 않을 수 없었다.
범수는 현금 자동 지급기로 가 카드로 돈을 인출해 달라고 했다. 다시 넣어 달라고 하기도 하고 은행 대기를 위한 번호판 뽑는 기계를 꼼꼼하게 살피는가 싶더니, 이내 다른 은행과 우체국 등에 들어가 같은 행동들을 반복하는 것이었다.
그 다음으로 둘이 간 곳은 세 곳의 동사무소와 구청이었다.
건물에 들어 선 범수는 지팡이로 바닥을 확인하며 천천히 걸어가다 문턱이 있거나 계단이 있는 곳에선 멈춰 구조를 꼼꼼히 짚어 보았다.
이렇게 몇 개의 관공서를 돌아다닌 둘이 세 번째로 간 곳은 "시립 장애인 재활 센터"라는 곳이었다.
그곳엔 여러 장애를 가진 사람들이 뭔가를 만들거나, 이야기를 하거나, 운동을 하거나 하고 있었다.
범수는 엘리베이터를 타고 4층으로 올라가 강당으로 들어섰다.

거기엔 아직 취학 전인 것으로 보여지는 아이들과 사회 복지사들이 놀이를 하고 있었다.

범수는 아이들과 친숙한지 스스럼없이 인사를 나누고 한참을 아이들과 놀아 주다 선민과 함께 나왔다.

어느덧 거리엔 해가 뉘엿뉘엿 지고 있었고, 퇴근을 하는 사람들의 분주한 발걸음이 두 사람을 스치고 지나갔다.

"배고플 텐데. 어디 가서 밥이나 먹자." 범수가 웃으며 말하곤 앞서 성큼 성큼 걸어갔다.

잠시 후 둘은 복지관에서 멀지 않은 식당으로 들어 가 자리를 잡고 앉았다.

음식을 주문하고 범수가 물었다. "선민아 내가 오늘 널 왜 그런 곳들에 데리고 갔었는지 알겠니?"

선민이 바보가 아닌 다음에야 모를 리 없지 않냐는 표정으로 고개를 끄덕이곤 말을 이었다.

"선배님이 날 왜 그렇게 데리고 다녔는지는 알겠어요. 그런데 내게 뭘 바라는 건지는 잘 모르겠어요."

범수가 다시 웃더니 말했다. "그러지 않아도 긴호에게 연락을 해 볼까 생각 중이었는데 오늘 널 우연히 보고 데리고 다니면 되겠다 싶어 같이 다닌거야."

"그래서 선배님은 뭘 어떻게 하고 싶으신 건데요?" 선민이 초롱초롱한 눈으로 범수를 바라보며 물었다.

"바꿔야지. 잘못된 게 있다면 바꿔야 하는 게 당연한 거 아니야?"

그러자 선민이 고개를 저으며 말했다. "누군가 항의한다고 그렇게 쉽게 바뀔 거라면 우리나라는 벌써 복지 국가가 되지 않았겠어요? 오늘 본 것 중 은행 하나를 예로 들어볼게요. 선배님 말대로 바꾸려면 얼마나 많은 준비나 예산이 필요할 거라고 생각하세요? 100억 1000억 아니면 1조? 그리고 그에 따른 기술적 문제들을 해결하려면 새로 기계들도 개발해야만 하고 인력도 있어야 해요. 그럼 이 많은 걸 국가 예산으로 하자고 하면 과연 몇 명이나 찬성을 할까요? 물론 장애인 복지나 소수자 복지도 중요해요. 그걸 모르는 건 아니에요. 하지만 그걸 위해 너무 한꺼번에 많은 걸 희생하자고 한다면 정치인들은 물론이고 일반 시민들도 그다지 탐탁하게 생각지만은 않을 거라 생각해 보지 않았어요?"

범수가 표정을 굳히고 잠시 있더니 천천히 입을 열어 말했다. "니 말이 맞아. 분명 이런 일을 하자고 한다면 좋아하지 않을 사람이 더 많아. 그렇지만 우리들 중 누가 언제 어떻게 장애를 입게 될지는 아무도 모르는 거야. 또 누구나 나이를 먹으면 늙기 마련이야 너도 나도 그건 피할 수 없어. 그렇기에 지금 당장 무엇이 이뤄지지 않는다 해도 우리는 변화를 위해 뭔가를 해야 해."

선민이 범수를 빤히 쳐다보며 물었다. "또 학교에서처럼 종합청사나 청와대 앞에서 일인 시위라도 하시려고요?"

다음 날 사무실에 들어 선 진호에게 선민이 몇 장의 서류를 내밀었다.

"뭐야 이게?" 진호가 의아하다는 듯 서류를 받아 읽더니 이

내 표정이 굳었다.

"지금 이 내용을 가지고 기획 특집을 해 보겠다고? 너 미쳤냐?"

선민이 진호를 바라보며 물었다.

"왜요? 충분히 꺼리가 될 만한 내용이잖아요?"

진호가 기획안을 선민에게 다시 내밀며 말했다.

"지금 이런 거 한다 하면 데스크에서 OK 할거 같냐? 가뜩이나 나라 안팎이 시끄러운데 이런 기사를 사람들이 읽을 거라고 생각 하냐?"

"하지만 언젠가 누군가는 해야 할 이야기잖아요. 선배."

"그래 누군가 해야 할 이야기지 하지만 지금 이 시기에 지면을 할애해 가며 대한신문이 다룰 이야기는 아니야."

선민이 한숨을 한번 쉬더니 물었다.

"그럼 누가 해야 할 이야기인데요?"

"방송국도 있고 장애인 관련 신문도 있고 우리가 아니라도 다룰 곳은 많아."

그 말에 선민이 짜증스러운 표정으로 다시 물었다.

"그런 곳에서 하는 걸 왜 우리가 하면 안 되는데요? 그리고 장애인 신문 그거 보는 일반 사람들이 있을 거라고 선배는 생각 하세요? 고작해야 장애인들과 그 가족들이나 보면 다행인 정도잖아요."

그래도 진호는 여전히 고개만 흔들었다.

"안돼. 절대 국장님이 허락하지 않을게 뻔해."

선민이 할 수 없다는 듯 말했다.

"선배 사실은 이거 제 아이디어가 아니고 김범수 선배 아이디어에요."

고개를 흔들던 진호가 순간 딱 멈추며 놀란 표정으로 고개를 번쩍 들었다.

"누구? 범수? 김범수라고?"

"예. 어제 우연히 범수 선배를 만났는데 범수 선배가 선배에게 잘 부탁한다고 전해 달랬어요.그러며 이 말을 꼭 전해 달라고 하던데요. '난 니가 새터에서 한 일을 알고 있다' 라고요."

그 말에 진호가 얼굴을 구기며 말했다.

"치사한 녀석. 10년도 지난 일을 가지고 아직도 협박이라니 넌 죽었다."

그리곤 선민에게 물었다. "그런데 그 녀석이 왜 뜬금없이 장애인들 문제에 관심을 가졌대?"

선민이 놀라며 되물었다. "선배 범수 선배가 실명했다는 거 몰랐어요?"

책상에 손을 탁탁 치며 생각을 하던 진호가 선민을 보며 놀란 표정으로 멈췄다.

"뭐? 뭐? 그 녀석이 뭘 했다고 했어. 지금?"

"실명을 했다고요. 범수 선배 시각장애 1급이에요. 몰랐어요?"

놀란 진호가 중얼거리듯 말했다. "무슨 소리야. 그 녀석은 방송국에서 사고 치고 나온 뒤에 대학로에서 커피 전문점을 하며 잘 살고 있다고 아는데."

선민이 고개를 저으며 말했다. "예. 지금도 커피 전문점은 그대로 하고 있었어요. 그리고 4년 전 사고로 시력을 잃어 시각장애인이 되었어요."

진호가 서랍을 열더니 뭔가 작은 수첩 같은걸 꺼내 뒤적이기 시작했다. 그건 선민도 익히 잘 알고 있는 신문 방송학과 졸업생 수첩이었다. 수첩을 몇 장 넘기던 진호가 주머니에서 핸드폰을 꺼내더니 신경질적으로 버튼을 눌렀다.그리곤 상대가 전화를 받자 바로 버럭 소리를 질렀다.

"야, 김범수. 나 이진호인데 대체 이게 뭔 소리야?"

수화기 안에서 범수의 차분한 목소리가 들렸다.

"뭐 임마. 뭐가 어떻게 돼. 니가 들은 대로지."

"오늘, 퇴근하고 갈 테니까 너 꼼짝 말고 가게 있어."

진호가 씩씩거리며 전화를 쾅하고 내려놓더니 선민을 보고 말했다.

"강선민. 범수 가게가 어디야? 약도 그려봐." 하며 펜과 종이를 내밀었다.

그걸 본 선민이 한숨을 한번 쉬곤 말했다.

"나, 오늘 별일 없으니 같이 가요."

오후 6시 반이 조금 넘어 진호와 선민이 가게의 문을 열고 들어 왔다. 인사를 하던 직원이 선민을 알아보곤 "형 어제 오셨던 그 기자 후배 분 오셨는데요." 하자, 칸막이로 가려진 구석 자리에서 범수의 목소리가 들렸다. "이리들 와라."

두 사람이 가보니 여섯 사람 정도가 앉을 수 있는 테이블과 소파들이 있고 한 구석엔 컴퓨터가 놓여 있는 범수만의 공간이 마련되어 있었다.

그리곤 그 벽엔 쌍절곤 톤파 목검들이 줄지어 세워져 있어 무슨 무술 도장을 연상케 했다.

두 사람이 다가서자 범수가 일어나 웃으며 손을 내밀었다.
"진호 오랜만이다. 우리 학교 졸업하고 처음 보는 거니까 한 6년 됐지?"
진호가 내민 손을 잡을 생각도 하지 않고 물었다. "어떻게 된 거야? 왜 니가 눈이 멀었는데?"
범수가 내밀었던 손으로 두 사람에게 자리에 앉으라는 시늉을 하곤 자신도 자리에 앉더니 밖을 향해 말했다. "웅아. 여기 차 좀 주지!"
그리곤 다시 둘에게 말했다. "뭘 마실래? 참고로 우리 가게는 커피 전문점이다."
커피 석 잔을 부탁한 범수가 테이블에서 익숙하게 담뱃갑을 집어 먼저 선민에게 내밀었다.
선민이 담배를 받자 라이터로 불을 붙여준 뒤 자신도 한 개비를 물고 불을 붙였다.
그걸 지켜보던 진호가 약간 신경질적으로 다시 물었다. "너 어떻게 된 거냐고, 자식아."
담배 연기를 한 모금 빨아 내 뿜으며 범수가 씩 웃더니 말했다. "새옹지마란 고사 알지? 난 그다지 오래 산 건 아니지만 가끔 정말 새옹지마란 말이 딱 맞다는 생각이 들곤 해."
웅이 커피를 가져와 세 사람 앞에 내려놓고 바 쪽으로 돌아갔다.
커피에 각설탕을 넣어 저으며 범수가 다시 말을 이었다.
"그런데 선민이에게 이야기는 들었니? 내가 하려는 일 말이다."
진호가 고개를 끄덕이자 커피를 한 모금 마시고 잔을 내리며 물었다.

"그래 진호 넌 내가 보낸 기획안에 대해 어떻게 생각하는데?"

진호가 커피 잔을 내리며 말했다. "글쎄. 니 말이 맞다는 것도 알겠고 누군가 해야 할 일이라는 것도 알겠는데, 신문사마다 특성이란 게 있어. 우리 회사가 보수 지향이란 건 알고 있을 거야."

"보수는 무슨 얼어 죽을. 수구 어용이지."

범수가 툭 던지듯 말하자 진호가 인상을 잠깐 쓰더니 말을 이었다.

"그래 수구건 어용이건 그게 우리 회사의 방침이고, 난 그 회사에서 월급 받아 처먹으면서 기자질이란 걸 하고 있는 사람이야. 그런데 지금 이 시점에서 그런 내용을 특집으로 다루자고 하면 위에서 OK 할 거라고 넌 생각해?"

범수가 웃으며 말했다. "그러니까 너한테 부탁을 하는 거잖아. OK 하게 만들어 달라고 말이야."

그 말에 진호가 어이가 없다는 듯 담배 하나를 입에 물며 말했다. "넌 내가 무슨 대힌신문시 시장 이들 쯤 되는 줄 아나 본데, 난 그냥 일개 월급쟁이 기자일 뿐이야. 내가 이거 기사화 시키려다 짤리면 니가 나랑 우리 식구들 책임질 거야?"

그 말에 범수가 의아하다는 듯 진호를 바라보며 물었다.

"장애인 문제를 기사화 하는 게 어때서? 그게 니가 짤릴 일이라는 거야?"

진호가 답답하다는 듯한 표정으로 빼 물은 담배에 불을 붙이며 말했다. "요즘 그러지 않아도 대운하 반대니 FTA 반대니

하며 한참 야당의 조종을 받는 국민들이 난동을 부리는데 이런 어두운 면을 다루는 기사를 싣자 하면 데스크에서 '예. 그러세요.' 할 거라 생각해?"

이번엔 범수가 황당하다는 표정으로 말했다. "뭐 대운하 FTA 반대가 야당의 조종을 받는 국민들의 난동이라고? 이진호. 지금 이게 학보사 편집장까지 지낸 기자 입에서 나올 소리라고 생각해?"

"인마, 여기서 내가 학보사 편집장이었던 게 왜 나와?"

둘의 언쟁을 듣던 선민이 한심하다는 표정으로 끼어들었다.

"두 분 다 뭐 하는 거예요? 지금 이야기가 완전히 삼천포로 빠지고 있잖아요."

씩씩 거리던 둘이 조금 진정이 되자 진호가 새 담배에 불을 붙이며 물었다. "그래서 뭘 어떻게 도와 달라는 건데, 너 나름의 아웃트 라인이 있을 거 아니냐?"

그 말에 범수가 담배 한 개비를 더 빼 물며 말했다. "얼마 전 개정된 장애인 차별 금지법이 있지? 그 법 제정을 기념해 장애인들에게 필요한 것이 무엇이며 무엇을 고쳐야 하는지를 객관적인 눈으로 다루면 전반부엔 장애를 극복하고 일어서려는 장애인들의 이야기를 다룬 다음에 후반부에 가서는 이런 게 그동안의 정권에선 안 되었는데 이번 정권에선 이뤄지면 좋겠다는 식으로 말이야. 그럼 니네 신문 색깔에 손상이 가지 않으면서도 얼마든지 기사화가 가능하다는 거야."

그 말을 듣던 진호가 말했다. "그래. 니 생각이 잘만 하면 먹힐 수도 있겠지, 하지만 지금은 어둡고 칙칙한 기사 보다는 밝고 긍정적 기사가 필요해."

"장애를 극복하고 일어서려는 장애인들을 돕자는 게 밝고 긍정적인 기사이지 어둡고 칙칙한 기사냐?"

이야기를 듣던 선민이 끼어들었다. "진호 선배, 한번 해봐요. 잘하면 그림이 될 것도 같은데요."

진호가 무거운 얼굴로 말했다. "글쎄. 데스크에서 OK를 해줄지가 가장 큰 관건인데."

선민이 말했다. "국장님에게 이야기라도 해봐요. 해봐서 나쁠 건 없잖아요."

진호가 짜증난다는 듯한 표정으로 말했다. "젠장 친구라고 있는 게 도움이 안 된다니까."

범수도 표정을 풀며 말했다. "그 대신 내가 오늘 저녁은 쏜다. 나가자."

진호도 웃으며 "기자가 취재 부탁 받고 접대 같은 거 받으면 안 되는데" 하곤 셋은 가게를 나섰다.

다음 날 진호가 소매로 땀을 닦으며 선민과 함께 국장실을 나왔다.

사무실을 지나 흡연실로 간 진호가 담배 한 개비를 빼 물곤 말했다. "젠장 내가 왜 이 짓을 해야 하는 거야?"

그 말에 선민이 웃으며 "좋은 일이잖아요, 범수 선배 일이기도 하고 말이에요.

그 말에 진호가 선민을 바라보며 물었다. "범수 일인데, 니가 이렇게 적극적인 이유는 뭔데?"

선민이 당황한 듯 가방에서 담배를 꺼내는 척 하며 답했다.
"선배의 일이니까요."
"선배의 일? 정말 그게 전부냐 응?" 진호의 짓궂은 질문이 계속되자 담뱃불을 붙인 선민이 진호를 응시하며 물었다. "왜요? 전 범수 선배 좋아하면 안 되나요?"
당당하게 나오는 선민의 태도에 순간 당황한 진호가 물었다. "야 너도 범수 어제 본거라며?"
"뭐 그 전부터 좋아한 거일 수도 있고, 첫 눈에 반했다고 할까 그런 거일 수도 있고."라며 웃는 선민을 보며 진호는 어이없다는 듯한 표정을 짓자 선민이 씩 웃으며 말했다.
"쓸데없는 소리 하지 말고 이제 어떤 식으로 기사를 진행할지나 구체적으로 생각해 봐요."
그 말에 진호가 담배를 하나 더 꺼내 물며 말했다.
"제기랄 이놈의 담배를 끊어야 하는데 말이야."
그 날 저녁 범수와 진호, 선민은 다시 범수의 가게에 모여 앉았다.
"자식, 이렇게 도와줄 걸 빼고 있어." 범수의 말에 진호가 찻잔을 탁 내려놓으며 노려보았다.
"야 인마. 그거 비싼 거야, 내가 내 손님들 전용으로 마련한 거란 말이다."
범수의 호들갑에 픽 웃어 버린 진호가 말했다.
"일단 취재 허락은 떨어졌고, 어디부터 시작하면 좋겠냐?"
범수가 손을 까닥 까닥 하며 잠시 생각하더니 말했다.
"내일 시립 장애인 복지관부터 시작하는 게 좋을 거 같다."

이미 지난번에 한번 가 보았던 선민은 고개를 끄덕이며 동의를 했고, 그걸 본 진호도 별 이의가 없는지 침묵함으로써 동의했다.

"그럼 내일 10시에 만나서 가기로 하고 나가서 저녁이나 먹자" 하며 일어서던 범수가 고개를 좌우로 돌려 두 사람을 보는 것 같은 행동을 하더니 물었다.

"근데 이건 그냥 개인적으로 궁금해서 묻는 건데, 니들 둘이 사귀냐?" 이 말에 선민이 "선배!" 하고 소리를 빽 지르는 바람에 바에서 티스푼을 닦던 웅이 놀라 스푼을 떨어뜨리고 범수는 유쾌하게 웃으며 먼저 일어나 가게 밖으로 나갔다.

다음 날 아침 만난 세 사람은 지난번 범수와 선민이 갔던 시립 장애인 재활 센터로 들어섰다. 입구를 들어서자 범수가 익숙하게 경비실에 인사를 하고 엘리베이터에 오르더니 5층 버튼을 눌렀다.

그것을 본 진호가 신기하다는 듯 말했다. "야 너 이럴 때 보면 보이는 거 같아."

그 날에 범수가 "누가 그래. 내가 안 보인다고?" 하곤 씩 웃었다.

셋이 "직업 재활팀"이란 명패가 붙은 방에 들어서자 여러 사람이 뭔가를 열심히 만들고 있는 게 보였.

그중엔 휠체어를 타는 사람도 있었고, 겉보기엔 어떤 장애를 가졌는지 알 수 없는 사람도 있었으며 뇌성마비로 사지를 제대로 사용하지 못하는 장애인들도 보였다.

이런 여러 장애인들이 열심히 만들고 있는 것은 다름 아닌

비누 조각이었다.

그중 가장 눈에 띄는 것은 제대로 사용조차 힘들어 보이는 손을 움직여 정교한 무늬를 비누에 조각하고 있는 20대 중반 가량의 청년이었다.

한참 작업에 몰두하던 청년이 조각에서 손을 떼고 범수를 보며 밝게 웃었다.

"안녕하세요, 형."

어눌하지만 반가움이 묻어나는 목소리에 범수도 웃었다.

"준석 씨 조각은 잘 되어 가요?"

"예. 이제 한 개만 더 하면 이번 주 만들건 다 끝나요."

범수가 놀랍다는 표정으로 "와! 정말 빨리 끝났군요. 이 속도면 주문을 더 받아도 되겠어요." 했다.

이 모습을 지켜보던 선민과 진호가 곁으로 다가 가자 범수가 모든 사람이 들을 수 있게 약간 큰 소리로 말했다.

"자, 여러분 잠깐만 여길 좀 봐주세요. 이 분들은 대한신문사에서 나온 기자 분들인데 여러분들이 사회생활을 하며 불편한 점들이 뭔지에 대해 취재하러 오셨답니다."

휠체어에 앉아 조각을 하던 50세가량의 남자가 비누에서 고개도 들지 않고 퉁명스럽게 말했다.

"만날 취재만 해 가면 뭐하나? 제대로 반영되는 것도 없는데 말이야."

"아저씨 그래도 우리가 이렇게 계속 알리고 뭔가를 해야지만 변화를 하지요."란 범수의 말에 남자가 시니컬한 목소리로 "만날 말로만 복지, 복지 하지 솔직히 정부가 하는 게 뭔데"

하고, 범수가 "그래도 장애인 차별 금지법도 생기고 점점 나아지고 있잖아요. 우리가 노력하면 노력하는 만큼 달라질 거라고 전 생각해요. 참 그리고 이 친구는 저와 학교 다닐 때 친한 친구이고 이 친구는 학교 후배에요."

그제서야 고개를 드는 남자를 본 선민은 깜짝 놀라 한걸음 뒤로 물러났다. 고개를 숙이고 있을 땐 보이지 않던 그 사람의 얼굴은 볼에 긴 칼자국이 있고 눈이 매서운 전형적 범죄자 인상이었기 때문이다.

진호가 선민의 팔을 붙들며 눈치를 주었지만 선민은 놀란 표정을 수습하지 못했고 그것을 본 남자가 아무렇지도 않은 듯 말했다. "기자 아가씨가 내 얼굴을 보고 놀란 모양이로구만."

범수가 웃으며 선민에게 말했다. "이 아저씨는 전직 강력계 형사이셔. 깡패들하고 17대 1로 붙다가 치사한 녀석들이 지프차로 받는 바람에 장애를 입으셨지. 얼굴에 칼자국도 그 때 사시미로 베인 상처이고 말이야."

남자가 무표정한 얼굴로 말했다. "범수 군은 날이 갈수록 뻥만 쎄진단 말이야. 내가 무슨 이소룡이나 이영걸인 줄 아나 17대 1로 싸우게"

그러자 범수가 웃으며 답했다. "아저씨. 이영걸이나 이소룡도 17대 1로 싸우면 맞아요."

그러곤 다시 사람들을 둘러보더니 처음 인사를 나눴던 준석이란 친구에게 물었다.

"준석 씨는 생활하며 가장 불편한 것이 뭐라 생각해요?"

"예. 가장 불편한 건 역시 사람들의 시선인 거 같아요. 장애를 가졌다는 건 다른 사람들보다 조금 더 불편하다는 것뿐이지 다른 건 아닌데, 장애를 가지지 않은 사람들은 꼭 우리를 불쌍하다는 시선으로 보려고 해요."

"맞아요. 그중 가장 먼저 인식이 바뀌어야 하는 건 장애인들의 가족이에요."

옆에서 이야기를 듣고 있던 20대 초반으로 보이는 아가씨가 끼어들며 말했다.

"정희 씨 말처럼 가족들이 이해하지 못하면 다른 사람들도 이해시키기가 어려운 건 사실이지요. 우리나라는 아직도 집에 장애를 가진 사람이 있는 것을 부끄럽게 생각하는 경향이 있어요." 준석이 말을 받았다.

이들의 이야기를 녹음하던 선민이 물었다. "그럼 뭐가 제일 먼저 바뀌어야 한다고 생각하나요?"

정희가 말했다. "물론 사람들의 인식이 바뀌는 것이 가장 중요하다고 생각해요.

하지만 현실적인 면들도 조금 더 많이 바뀌어야 할 거라고 생각해요. 가령 장애인 이동권 같은 거 말이에요."

"그렇지. 특히 다리가 불편하신 분들의 이동권 보장이 시급하다는 걸 조금 더 사람들이 알았으면 좋겠어. 뭐 나처럼 눈에 뵈는 게 없어도 다리 멀쩡한 놈이야 대충 걸어 다닌다고 하지만, 선민이도 며칠 전에 보았듯 아직 관공서에도 문턱이 있거나 경사로가 없는 곳들이 많아. 지하철역에는 엘리베이터는 고사하고 경사로가 없는 역이 대부분인 게 현실이고."

"하지만 그런 걸 모두 한꺼번에 바꾸는 건 무리가 있지 않을까?" 이번엔 진호가 묻자 전직 형사라고 하던 남자가 말했다. "한꺼번에 바꿔 달라는 것이 아니오. 기자 양반.

우리는 작은 것이라도 하나씩 실천하는 모습을 정부나 자치단체들이 보여 달라는 것이오."

다시 범수가 말을 받았다. "맞아. 까놓고 말해 지방 자치 단체들 연말 되면 예산 남는다고 보도블록 뜯어 가는 돈이면 지하철역에 경사로 두어 개는 충분히 만들 수 있을 거라고 생각하지 않아?"

그 말에 선민이 자신도 동의한다는 듯 고개를 끄덕였다.

"사실 말하려고 든다면 한도 끝도 없이 많지만 그걸 다 하자고 할 수는 없는 것이고,

조금만 신경을 써도 고칠 수 있는 것들부터라도 하나씩 고쳐 가야 한다는 거야."

사람들의 말을 조용히 듣고 있던 진호가 말했다. "이렇게 대충 이야기로 들어서 될 일은 아닌 거 같고, 이 부분에 대해서는 소금 너 사세하게 취새도 해보고 공공 기관의 입장 같은 것들도 들어 봐야 할 거 같군."

그러자 전직 형사가 픽 웃더니 "공공 기관에 물어 봐야 예산이 부족하다고 하겠지요.

그 놈의 예산은 정치인들 놀러 다닐 때엔 안 부족하고 이런 일에만 부족하답디까?" 하며 인상을 쓰자

범수가 "아저씨는 공무원이셨던 분이 그렇게 말씀을 하셔도 되는 거예요?" 하며 웃었다.

한참을 더 사람들의 이야기를 녹음하던 진호가 범수에게 물었다. "그런데 취재 방향이 앞부분에서는 재활 의지를 다지는 장애인들의 모습부터 시작하자고 했었잖아? 그 이야기부터 좀 들어 봐야 하는 거 아닐까 하는데 어떻게 생각해?"

범수가 "그랬었지. 그럼 일단 여기 계시는 분들부터 취재하고 다른 곳으로 이동하도록 하자."라고 말하고 사진은 찍지 않겠다는 사람들을 설득해 간신히 몇 장의 사진을 찍은 뒤 그곳을 나왔다.

세 사람이 다음으로 간 곳은 한 복지관의 강당이었다.
강당으로 들어서자 우렁찬 기합 소리와 함께 태권도를 수련하는 사람들의 모습이 보였다.
그중엔 유단자인 듯 검은 띠를 맨 사람도 몇 있었지만 대부분이 초보자인 듯했다.
수련 모습을 잠시 지켜보던 선민은 지도를 하는 사범이 조금 이상하다는 생각이 들어 자세히 살펴보다 놀라 진호를 팔로 툭 치며 불렀다. "선배 저 사범님 시각장애인이신가 봐요?"
그제서야 사범을 자세히 본 진호도 놀라지 않을 수 없었다. 앞에서 지도를 하는 사범은 분명 앞을 보지 못함에도 사람들의 동작을 바로 잡아 주며 태권도를 지도하고 있기 때문이었다. 놀란 두 사람 뒤에서 범수의 목소리가 들려 왔다.
"저 아저씨는 30살이 넘어 실명을 했고 40살이 넘어 뒤 늦게 태권도를 시작해서 사범 자격까지 취득한 사람이야."

놀라 범수를 쳐다보는 선민에게 범수가 장난스럽게 윙크를 하며 다시 말했다. "더 놀라운 사실을 알려 줄까? 저 아저씨 사범 자격증만 여섯 개를 가지고 있어, 그것도 모두 시각장애를 입고 40살이 넘어 시작한 운동들이라는 거지."

잠시 뒤 수련이 끝났는지 마무리 운동을 하고 인사를 한 사람들이 탈의실로 들어 가자 사람들을 지도하던 사범이 천천히 세 사람 곁으로 걸어오며 범수에게 말했다.
"넌 시합도 얼마 안 남았는데 운동 안하고 어딜 그렇게 뽈뽈 거리고 돌아다니냐?"
"사범님 오늘은 대한일보에 다니는 기자 친구들 취재를 좀 돕느라고 많이 바빴어요."
"노는 건 니 마음인데 다음 달 시합에서 4강 못 들어가면 어떻게 되는지는 알고 있지?"
사범이라 불린 남자가 주먹을 쥐어 보이며 범수에게 위협하 듯 말했다.
"알았어요. 무소선 이기면 되는 거잖아요. 적당히 반칙을 해서라도 말이에요."
반칙이라는 말에 선민이 대학 시절 범수가 축구를 하던 기억이 떠올라 픽 웃자 사범이 말했다. "누구신가?"
"아 예. 대한일보 사회부 기자들인데 이 친구는 저랑 대학 동기이고, 이 친구는 후배에요. 인사 드려 내가 조금 전에 이야기 했던 김태경 사범님이셔."

소개된 남자는 작달막한 키에 약간 마른 체형으로 얼핏 보기엔 무술 같은 것을 익힌 거 같아 보이지 않았다.

"김태경이라고 합니다. 그런데 스포츠부가 아니고 사회부인 걸 보니 우리 운동하는 걸 취재 나온 건 아닌 거 같은데."

범수가 웃으며 말했다. "장애인 특집 기사를 쓰는데 이곳 이야기를 쓰면 좋을 거 같아서 오자고 했어요."

그러자 태경이 말했다. "스포츠부에서도 안 다루는 기사를 사회부에서 다룬다고?"

"이번에 장애인들의 재활과 사회 구성원으로서의 역할에 대한 특집 기사를 쓰려 합니다."

진호의 말에 태경이 담담한 어조로 말했다. "그런 거라면 이곳 말고도 취재할 곳이 많을 거 같은데요."

"에이. 사범님 그렇게 빼지 마시고 이야기 좀 해주세요. 제 체면도 있는데 말이에요."

범수가 태경에게 조르듯 말하자 범수에게 고개를 돌린 태경이 낮은 목소리로 으르렁대듯 말했다.

"넌 쓸데없는 데 신경 쓰지 말고 시합 준비나 잘하세요."

선민이 슬쩍 녹음기를 틀며 물었다. "아까부터 시합이라고 하시던데 무슨 시합인지 물어도 될까요?"

"장애인 올림픽에 태권도를 시범 종목으로 넣어 보려고 선수 선발전을 준비 중이에요." 태경이 퉁명스레 답했다.

"그런 일이라면 문화 체육부에서 지원을 해주지 않나요?" 진호가 다시 묻자 태경이 웃긴다는 듯 답했다. "지원? 지원은 관

두고 협조라도 좀 하면 좋겠군요."

"그럼 문화 체육부에서 협조도 하지 않는다는 이야기인가요?"

"아예 이런 것에 대해 관심조차 가지지 않고 있는 실정이지요. 장애인 태권도 협회가 생긴 지 몇 년이 지났는데, 별로 관심도 안 보이더군요."

"그런데 사범님은 어떤 계기로 운동을 시작하시게 되었나요?" 진호의 물음에 태경이 고개를 저었다.

"내 이야기는 별로 하고 싶지 않군요." 그리곤 돌아서 탈의실로 가며 말했다.

"우리 시합에 관심이 있으시면 다음 주 토요일에 시합이 있으니 와 보시던지요."

그 말만 남기고 탈의실로 들어간 태경의 뒷모습을 보며 진호와 선민은 쓴 입맛을 다셨다.

복지관을 나온 세 사람은 한적한 커피 전문점에 앉아 차를 시키고 담배를 하나씩 꺼내 물었다.

"그런데 김태경 사범님은 왜 저렇게 자신의 이야기가 기사화되는 걸 꺼려 하는 거예요?"

선민의 물음에 범수가 웃으며 말했다. "원래 성격이 그래. 그러려니 해라."

잠시 후 샤워를 마쳤는지 깔끔한 모습으로 다시 나타난 태경에게 범수가 말했다.

"사범님. 이번 기사는 제가 제안을 해서 이 친구들이 간신히 허락을 받아 낸 거예요."

"그래서 어쩌라고?" 태경이 여전히 퉁명스러운 목소리로 말을 받았다.
"그러니까 이번 취재의 의도는 장애를 극복하고 일어서는 장애인들의 긍정적인 모습과 아직도 부족한 장애인들에 대한 처우 문제에 대한 특집 기사거든요."
"그러니까 지금 나보고 장애 극복한 케이스로 나서서 얼굴 마담을 해달라는 거야? 싫은데."
범수가 씨익 웃더니 말했다. "선배님이 그렇게 나오신다면 뭐 할 수 없지요, 형수님 전화번호가 몇 번이었더라."
범수가 정말 전화를 걸 듯 핸드폰을 꺼내 번호를 두어 개 누르자 태경이 당황하여 핸드폰을 가로채며 말했다.
"알았다. 알았어. 이 치사한 자식. 술은 내가 샀는데 너 그런 식으로 나온다는 거지? 너 앞으로 나한테 술은 다 얻어먹은 줄 알아라."
이 모습을 지켜보던 진호는 자신의 경험을 생각하며 속으로 쓴웃음을 지었다.
태경이 물었다. "그래. 내가 뭘 어떻게 말을 해주면 되는 건데?"
"이렇게 여기 서서 이야기 할 수는 없잖아요. 어디 가서 차라도 한 잔 마시면서 이야기 하지요."
범수의 말에 네 사람은 복지관을 나와 가까운 커피 전문점으로 자리를 옮겼다.
오는 동안 마치 친구나 형제처럼 투닥이는 범수와 태경을 보며 선민은 둘 다 참 재미있는 캐릭터라는 생각을 하고 있었다.
네 사람이 커피 전문점으로 자리를 옮겨 앉자 범수가 먼저 이야기를 꺼냈다.

"아까는 미처 말을 못 했는데 태경 선배님은 내 고등학교 선배님이시기도 해. 까마득한."

"야 인마. 그래 까마득한 선배인데 술 얻어 처먹고 그걸 빌미 삼아 선배를 협박하냐?"

태경이 아직도 분이 덜 풀렸는지 툴툴거리다, 킥 하는 진호의 웃음소리에 인상을 썼다.

"아. 죄송합니다. 사범님 실은 저도 이 녀석에게 똑같은 방법으로 당해서 아직까지도 협박을 당하고 있거든요."

이 말에 태경이 기가 살아 옆에 앉은 범수의 머리를 한대 쥐어박으며 말했다. "이 자식 이제 보니 상습범이네."

"에이 씨. 운동 하면서 맞는 것도 아파 죽겠는데 이젠 밖에서까지 구타를 해요?"

"얌마, 그러니까 이제 그건 좀 잊어 버려라. 그건 순전히 실수였다고 실수."

"아, 실수? 그래서 노래방에 가서." 범수가 여기까지 말하자 태경이 얼른 입을 막으며 말했다.

"이새 기자분들 잎에서 너 죽고 싶냐? 쓸데없는 소리 하지 말고 얼른 취재할 거나 말해 봐라."

"예. 우선 사범님께서 말씀하시는 걸 좀 녹음해도 괜찮을는지요?" 진호의 질문에 태경이 고개를 끄덕이자 선민이 가방에서 녹음기와 노트, 펜을 꺼내 기록을 할 준비를 하고 진호가 질문을 시작했다.

"먼저 어떤 계기로 운동을 시작하시게 되었는지 좀 말씀을 해주십시오."

"기자분도 조금 더 나이 먹어 보면 알겠지만 나이 40이 넘으니 체력이 급감을 하더라고요. 거기다 눈이 보이질 않으니 적절한 운동도 하지 못하고 말입니다. 그러던 중 집 가까운 곳에 태권도 도장이 새로 생겼는데 도복을 무료로 준다는 광고 글을 보고 안사람이 기왕 운동 할 거면 도복 무료로 준다는데 저기서 할래? 해서 간 게 계기가 되었지요. 그 전에도 다른 곳에서 운동을 하긴 했지만 여름에만 가서 하다 말다 하던 참이라 잘 됐다 싶어 등록을 했지요. 그곳에서 2단을 따고 경기도로 이사를 가게 되었는데 거기서 아주 재미있는 젊은 관장을 만나서 한꺼번에 네 가지 무술을 배울 수 있게 되었어요. 그래서 거기서 운동을 하며 틈틈이 태권도 수련도 했지요. 관장이 태권도도 좀 했거든요. 덕분에 서울에 올라 올 때 그 도장에서 합기도 특공무술 궁중무술 격투기 4단 심사를 마쳤고, 사이사이 성울 도장에 와 심사를 봐서 태권도 4단도 따게 된 거예요. 그리고 강원도 갈 때마다 조금씩 배워 결국 해동검도 사범 자격을 취득했고요."

그 말에 선민과 진호는 놀라 입을 다물 수가 없었다.
시각장애인이 사범 자격 하나만 취득하는 것도 대단한 일인데 한 두 개도 아니고 여섯 개라니?
그 생각을 알았는지 태경이 웃으며 말했다.
"사실 그중 네 가지는 뿌리가 같아요. 그래서 태권도, 해동검도를 제외한 나머지는 한꺼번에 배울 수가 있었던 거예요. 뭐 대신 관장이 운동을 혹독하게 시키는 사람이라 하루에 두세 시간씩 뺑이 치며 해야 하긴 했지만요."

진호가 물었다. "그럼 처음부터 장애인들에게 무술 지도를 하실 생각을 가지고 시작을 하신 것인가요?"

"아니요. 그런 건 아니었어요. 처음엔 그냥 세상이 하도 험하고 해서 내 몸과 가족이나 지킬 수 있게 뭐가 배워 두자는 생각으로 시작을 했는데, 하며 생각해 보니 내가 할 수 있으면 다른 장애인들도 할 수 있겠다는 생각이 들더라고요. 사실 내가 운동하기 전에는 정말 엄청난 뻐덕이에 몸치였었거든요."

그러나 얼핏 보아도 잘 균형이 잡힌 그의 몸은 전부터 운동을 잘 했을 거 같이 보였다.

이번엔 선민이 물었다 "그럼 누구나 하면 사범님처럼 할 수 있다고 생각을 하시는 건가요?"

"물론이에요. 내가 할 수 있으면 누구건 할 수 있다 생각해요. 물론 노력은 더 필요하겠지만요. 내가 다니던 경기도의 도장엔 지적 장애를 가진 14살짜리 소년도 하나 있었는데 그 친구도 열심히 노력해서 승단을 했지요. 아마 지금 2단일 거예요."

선민은 속으로 기회가 되면 그 학생도 취재를 해보고 싶다는 생각을 했다.

"그래서 어떻게 장애인들에게 무술 지도를 하시게 된건가요?" 진호가 물었다.

"전부터 다녀 알던 복지관 관장님께 말을 했더니 해보자고 해서 일주일에 사흘씩 아이들을 지도하고 있어요."

진호가 다시 물었다. "그런데 아까 시합 이야기를 하시던데 혹시 무슨 시합인가요?"

"예. 장애인 태권도 협회에서 태권도를 장애인 올림픽 시범 종목으로 넣으려고 추진 중인데, 거기 나갈 선수 선발전이 다음 달에 있어 준비 중이지요."

"그럼 그 시합에 범수 선배도 나가는 건가요?" 선민이 흥미롭다는 듯 눈을 반짝이며 묻자

"이 녀석은 만날 이렇게 놀러나 다니고 쓸데없는 짓이나 해서 뺄까 생각 중이에요."

태경의 말에 범수가 인상을 쓰며 말했다. "선배님 개인적인 일과 공적인 일을 혼동하지 마시지요."

"싫어. 난 개인적으로 인간성이 더러운 녀석은 선수 자격도 없다고 생각을 하거든."

태경의 말에 범수가 다시 대꾸 했다. "인간성 더러운 건 누구도 만만치 않지요. 아마."

그러나 이 말을 채 마치기도 전에 날아 온 주먹에 머리를 강타 당한 범수는 비명을 지르며 머리를 감싸 앉았다.

"거봐요. 뻑하면 폭력이나 휘두르고, 이게 무술을 지도하는 사범이 할 행동이냐고요."

볼멘소리를 하던 범수는 태경의 주먹이 다시 날아오자 방어 자세를 취하며 얼른 의자를 뒤로 뺐다.

"그럼 시합 때 구경을 좀 가도 괜찮을는지요?" 진호의 물음에 태경이 고개를 끄덕였다.

"좋을 대로 하시지요. 이 녀석 얼굴 보러 오는 거라면 못 보

실 거라 생각하시고요."

그 말에 뭐라 말을 하려던 범수가 태경의 주먹을 의식했는지 입을 다물었다.

"고맙습니다. 그럼 앞으로의 계획은 어떻게 되시는지요?" 진호가 다시 묻자

"뭐 특별하게 계획이라고 할 건 없고 일단 시합 준비를 열심히 해야겠지요. 그리고 가능하다면 저처럼 장애인들을 지도할 수 있는 장애인 사범들이 많이 나왔으면 좋겠습니다."

이 때 핸드폰에서 6시라는 소리가 나자 태경이 미안한 얼굴로 진호와 선민에게 말했다.

"미안합니다만 내가 저녁에 선약이 좀 있어서 부족한 이야기가 있으면 시합 끝나고 더 이야기하던지 합시다."

진호와 선민이 자리에서 일어나며 인사를 했다. "바쁘신데 취재에 응해 주셔서 감사합니다."

밖으로 나오자 태경은 택시를 타고 약속 장소로 갔고, 네 사람은 범수의 가게로 돌아 왔다.

며칠 뒤 범수가 다시 만난 두 사람을 데리고 간 곳은 자신이 잠시 근무 했던 KBC 방송국이었다.

"야 여긴 니가 원수 보듯이 하는 곳 아니냐?"란 진호의 농담에 범수가 웃으며 말했다.

"내가 여길 원수 보듯 해야 할 이유는 없지. 팰만해서 팼고 짤릴 만해서 짤렸으니까."

그 말에 진호가 질렸다는 듯한 표정을 짓는데 중년 남자 둘

이 로비를 걸어 나오다 범수를 보고 멈춰 섰다.
 범수에게 먼저 말을 건 것은 짧은 머리에 세련되어 보이는 남자였다.
 "어이고 이게 누군가. 김범수 씨. 오늘은 또 누구를 패려고 나타나셨나. 응?"
 목소리를 알아들은 범수가 웃으며 손을 내밀었다. "윤 선배 오랜만이오? 요즘 잘나가더구만."
 내민 손을 잡으려던 윤이라 불린 남자가 그제서야 범수가 앞을 보지 못하는 것을 알아채고 놀라 물었다.
 "어떻게 된 거야? 왜 눈이 그렇게 되어 버렸어? 무슨 일이라도 있던 거야?"
 "하하 소문 못 들으셨구나. 나 선배 덕에 방송국 짤리고 나서 얼마 안 있다 사고로 시력을 잃었잖아요."
 그 말에 윤이라 불린 남자가 놀라 말을 잇지 못하고 있자 범수가 다시 말했다.
 "너무 그렇게 쌤통이라고 좋아할 건 없어요. 그래도 아직 사람 팰만한 여력은 남아 있거든요."
 그 말을 하며 윤을 향해 웃어 보였지만 윤은 여전히 아무런 말도 하지 못하고 멍하니 서 있기만 했다.
 이 때 윤과 함께 나오던 나이가 좀 지긋한 남자가 범수에게 아는 척을 하며 손을 내밀었다.
 "김범수 씨 오랜만이야. 잘 지냈나?"
 범수가 몸을 그 쪽으로 돌리더니 손을 내밀며 말했다.
 "국장님은 여전하시네요. 건강하게 잘 지내시지요?"

그러다 뭔가 생각난 듯 국장이란 남자에게 물었다.
"이거 원수는 외나무다리에서 만난다더니, 제가 오는지 어떻게 아시고 두 분이 마중을 다 나와 주셨나요? 아니면 전부터 두 분의 친분이 두터워 제가 그렇게 짤린 거였었나?"
이 말에 두 사람이 당황을 하자 범수가 웃으며 말했다.
"하하 농담입니다. 정말 뭐 찔리시나 그냥 웃자고 해본 소리에요."
그리곤 어색하게 웃는 두 사람에게 지갑에서 명함 두 장을 꺼내 한 장씩 내밀었다.
"저 혜화동에서 조그만 커피 전문점을 하고 있습니다. 언제 지나시면 차나 한잔 하러 오십시오. 오시면 제가 맛있는 커피 한잔 대접하겠습니다. 그리고 아까 그 말은 정말로 농담이었습니다."
그렇게 두 사람과 헤어진 셋이 엘리베이터를 타자 진호가 궁금했다는 듯이 범수에게 물었다.
"야, 저 사람 윤일도 PD잖아. 저 사람이 그 때 너한테 맞았다는 사람이냐?"
범수가 고개를 끄덕이자 진호가 킥킥거리며 놀리듯 범수에게 말했다.
"짤릴 만한 짓을 했구만. 팰 인간이 없어서 저 사람을 패냐? 아버지가 윤상현 전 총리이고 어머니가 유명한 방송 작가인 오지희 씨지. 아마 니가 단단히 돌았었구나."
"그러게 나도 그땐 욱 하는 심정에 패고 봤는데 나중에 보니 너무 큰일을 저질렀다 싶더라고. 그래서 그 날로 바로 사표 써서 아예 주머니에 넣고 다녔다는 거 아니냐."

선민이 끼어들며 말했다. "아까는 팰 만해서 팼다고 해놓고 후회한다는 건가요?"

"아니 후회한다는 건 아니야. 분명 그때엔 팰 만한 충분한 명분이 있었다고 생각해서 팼는데, 나중에 보니 그냥 시건방 진 PD가 아니라 아예 사표를 쓰고 기다리고 있었다는 거지."

진호가 낄낄거리며 말했다. "잘했다. 인마 하여간 너 사고치는 건 학교 다닐 때나 그 후나 알아 줘야 한다니까."

이렇게 세 사람이 시시덕거리는 사이 10층이란 안내 소리와 함께 엘리베이터가 멈추자, 내린 범수가 잠시 머뭇하더니 말했다. "오랜만에 왔더니 헷갈리네. 어딜 찾아야 하는 건데요, 선배." 선민이 묻자 범수가 짧게 답했다. "영상 편집실."

영상 편집실은 세 갈래로 갈라진 10층 복도의 한 구석에 있었다.

영상 편집실 앞에 이르자 범수가 문을 두들기고 그 안에서 누군가의 목소리가 들려 왔다. "들어오세요."

세 사람이 안으로 들어서니 여러 대의 컴퓨터 모니터 앞에서 사람들이 작업을 하는 모습이 눈에 들어 왔다.

"누구를 찾아 오셨나요?" 한 남자가 묻다 범수를 보더니 반갑게 아는 척을 했다. "아니 이게 누구야 김PD 아니야"

머리가 희끗희끗한 그 남자의 목소리를 범수도 알아들었는지 웃으며 인사를 했다. "부실장님, 오랜만에 뵙네요."

그러곤 악수를 하려다 부실장도 범수가 앞을 보지 못한다는 걸 눈치 채고 깜짝 놀라며 물었다. "어떻게 된 거야?"

범수가 "오늘은 볼 일이 좀 있어 왔으니 언제 저랑 술이나 한 잔 하시지요." 하며 명함 한 장을 내밀었다.

선민은 그 명함을 받아 드는 부실장의 눈가가 붉어지는 것을 보았다.

"그런데 민우는 어디 있나요? 죄송하지만 좀 불러 주시겠어요?"

부실장이 뒤로 고개를 돌려 뭔가 작업을 하는 남자에게 고함치듯 말했다. "어이, 한민우 잠깐 이리 좀 와봐."

부실장의 목소리에 작업에 열중하던 한 사람이 뒤를 돌아보았다. 그는 범수의 또래쯤 되어 보였는데 얼굴만 보아도 어디가 불편한지 알만큼 티가 나는 장애인이었다.

그가 천천히 일어나 약간 비틀거리는 걸음으로 다가오더니 어눌한 목소리로 물었다 "무슨 일이세요. 부실장님?"

부실장이 범수를 가리키며 민우에게 말했다. "너 김범수 PD 알지? 아 그러고 보니 너희들 둘이 입사 동기로구나, 널 만나러 왔단다."

범수가 웃으며 먼저 인사를 했다. "민우 오랜만이다. 넌 여전한 거 같구나."

범수의 악수를 받으려던 민우가 범수가 앞을 보지 못하는 걸 눈치 채고 말했다. "너너 누 눈이 왜 그렇게 됐어?"

"이거 설명하려면 이야기가 좀 길다. 점심시간인데 밥 안 먹냐? 어디 가서 밥이나 먹자."

그러자 뒤에 서 있던 부실장이 투덜거리듯 말했다. "자식이 나도 밥 안 먹었는데 나보곤 밥 먹자고도 안하네."

범수가 웃으며 부실장에게 말했다. "부실장님도 같이 가시지요. 오랜만에 뵈었는데 식사라도 한 끼 대접해야지요."
 "자식 진작 그래야지. 그런데 이젠 부실장이 아니고 실장이야. 인마."
 "와, 승진하셨구나. 그럼 오늘 밥값은 승진 기념으로 실장님이 쏘시는 걸로 하지요."
 "이게 승진한 게 언제인데 일 년이나 지나 승진 턱을 얻어먹겠다고 하는 거야."
 그렇게 말하면서도 실장은 그다지 싫지 않은 눈치였다.
 편집실을 나와서야 범수는 진호와 선민을 실장과 민우에게 소개했다.
 잠시 후 방송국 근처 중국 음식점에 마주 앉자 범수가 먼저 너스레를 떨며 말했다.
 "오늘 실장님이 승진 턱으로 쏘시는 거라니까 비싼 걸로 먹어야지. 난 잡탕밥."
 그 말에 실장이 장난스럽게 인상을 쓰며 말했다. "얌마 나도 마누라에게 통장 뺏기고 용돈 받아 살아."
 "그거야 실장님 사정이지. 얻어먹는 놈 사정은 아니거든요." 범수가 지지 않고 받자
 실장이 범수의 머리를 한대 쥐어박고 다섯 사람이 유쾌하게 웃으며 주문을 했다.
 음식을 기다리며 민우가 범수에게 물었다. "그런데 왜 날 갑자기 보자고 한거야?"
 범수가 자연스럽게 젓가락으로 양파를 집어 입에 넣곤 우물우물 씹더니 말했다.

"응. 이 친구들이 이번에 장애인 문제에 대한 특집 기사를 만드는데 인터뷰 좀 해 달래려고 보자 했다."

범수의 젓가락질을 신기한 듯 보고 있던 실장이 끼어들며 말했다. "그럼 대한일보에 애 사진도 실리는 거냐?"

웬만하면 니 사진은 니가 직접 잘 편집해서 보내 줘라 못생긴 얼굴 그대로 내보내게 하지 말고."

그 말에 민우가 웃으며 말했다. "그래도 내가 니보다 키는 쪼메 더 컸다 아이가. 니 시다바리 할 때부터."

어눌한 목소리로 영화 친구의 장동건 대사를 흉내 내며 밝게 웃는 민우의 모습에 사람들은 미소를 지었다.

이렇게 이런 저런 이야기를 하는 중에 음식이 나오자 자장 곱빼기를 열심히 비비며 민우가 물었다.

"그래 내가 무슨 인터뷰를 해주면 되는 건데?" 그 말에 선민이 말했다.

"우선 식사 시작하기 전에 사진부터 몇 장 찍으면 좋겠는데요."

민우가 자장면을 보며 아쉽다는 듯 입맛을 한번 다시곤 말했다.

"그 대신 빨리 좀 찍어 주세요. 자장면은 뿔면 맛이 없거든요."

선민이 웃으며 디카를 꺼내 몇 가지 포즈를 취하게 한 다음 사진을 찍었다.

사진 찍기가 끝나자 이번엔 진호가 말을 했다. 아마 개인적인 질문도 좀 있을 텐데 괜찮을까요?

"그런 건 괜찮습니다만, 제가 시간이 그렇게 많은 게 아니라서요. 또 들어가 해야 할 작업이 많거든요."

실장이 옆에서 말했다. "오늘 급한 작업이 뭔데? 내가 도와줄 테니 천천히 인터뷰 하고 오지 그래?"
 그러나 민우는 자장을 한 입 문 채 고개를 가로 저었다.
 "아니요. 제 편집 분량은 제가 해야 해요. 그건 제 일이잖아요."
 이 말을 들으며 진호와 선진은 범수가 왜 이 사람을 인터뷰 하자고 했는지 알거 같았다.
 "그럼 오늘 말고 다른 날이라도 시간을 좀 내주면 안 될까? 퇴근 후에라도 말이야?"
 범수의 말에 민우가 다시 고개를 저었다. "미안하지만 요즘 편집실 직원이 둘이나 그만 둬서 일이 많아."
 그 말에 선진이 좋은 생각이 떠올랐다는 표정으로 물었다. "저 그럼 이렇게 하면 어떨까요? 서면 인터뷰요." "서면 인터뷰? 글쎄. 그건 좀 그렇지." 범수의 말에 선진이 그제서야 아차 싶어 민우를 돌아봤지만,
 민우는 단무지 하나를 집어 먹으며 말했다. "차라리 그러는 게 낫겠네요. 시간도 절약 되고 밤에 해도 되니까요."
 그 말에 범수가 괜찮겠냐는 표정을 짓자 민우가 웃으며 말했다. "워드로 하면 그다지 어려울 것도 없어."
 "뭐 하긴 나처럼 눈에 뵈는 거 없는 놈도 컴을 쓰는데 눈 멀쩡한 너야 나보다는 낫겠지."
 범수의 농담에 민우가 웃었고 민우의 인터뷰는 서면으로 하는 것으로 한 뒤 질문지를 보낼 메일 주소를 받는 것으로 그날의 만남은 끝이 났다.

며칠 뒤 선민은 민우에게서 답신 메일을 받았다.

메일엔 질문에 대한 꼼꼼함이 느껴지는 답변들이 적혀 있었다. 그 답변들을 읽으며 선민은 이렇게 꼼꼼한 성격이니 영상 편집을 하지 않을까 하는 생각과 함께, 정말 범수 선배의 말처럼 장애란 조금 불편한 것이지 다른 것이 아니라는 생각을 했다.

답변들을 본 진호의 표정도 만족스러운 듯해 보였다. "좋아 이 정도면 충분히 기사를 만들고도 남겠어."

그리고 기사의 전체적 순서를 정하기 위해 선민과 머리를 맞대고 앉았다.

"난 일단 복지관에서 만났던 사람들과 김태경 사범, 한민우 씨 이야기를 실은 뒤 2부로 장애인들 처우와 인식에 대한 문제점을 싣는 게 좋을 거 같은데. 니 생각은 어때?"

"예. 저도 그게 좋겠어요. 그런데 기사를 그냥 만난 순서대로 쓰자고요? 조금 순서를 바꾸면 어떨까요?"

"순서를? 어떻게 바꾸면 좋겠는데?" 진호의 물음에 선민이 주저 없이 답을 했다.

먼저 한민우 씨의 이야기를 나음에 김태경 사범 이야기를 끝으로 복지관에서 만난 분들 이야기를 쓰면 어떨까요?

"특별히 순서를 그렇게 잡으려는 이유라도 있어? 그렇다면 순서야 좀 바꿔 써도 상관이 없지만 말이야."

선민이 볼펜으로 탁탁 책상을 치며 생각을 천천히 말해 갔다. "독자의 이목을 집중 시키자는 거예요. 아무래도 장애를 극복한 주목할 만한 사례들이 앞으로 가는 게 더 사람들에게 흥미를 유발하기 쉽지 않을까 하는 생각에서 말씀 드린 거예요."

"그러니까 긍정적인 사례를 밑밥으로 깔고 뒤에 칙칙한 이야기로 들어가자 뭐 그런 건가?"

"그렇게까지 말할 건 아니고, 사람들이 어두운 기사부터 나오면 읽기가 부담스러워 질 수 있다는 거지요."

"그래 어쨌건 그 말은 일리가 있으니 그럼 니가 기사 초안을 한번 잡아 봐라 다 되면 내가 한 번 더 볼 테니."

진호의 말에 선민이 뾰로통한 목소리로 물었다. "왜 만날 막노동은 나만 시키는 건데요. 선배는 손이 없어요?"

진호가 낄낄거리며 답했다. "꼬우면 니가 선배로 태어나지 그러셨어요? 내가 후배 두고 이 나이에 막일 하리?"

그 말에 선민도 픽 웃곤 자료들을 들고 일어나 자신의 자리로 돌아갔다.

며칠 뒤 선민에게서 기사 초안을 받은 진호가 수정을 한 부분은 딱 한군데였다.

맨 마지막에 있는 취재 기자의 이름 강선민, 이진호 중에서 이진호라는 이름을 빼 버린 것이다.

"왜 선배 이름을 빼세요? 이 기사는 처음부터 저하고 선배가 함께 만든 거잖아요?" 의아해 하는 선민의 질문에 진호가 웃으며 말했다. "아니 난 그냥 옛 친구를 몇 번 만난 거고 이 취재는 모두 니가 한거야. 그러니까 혹시 데스크에서 노가 떨어져도 난 책임이 없다는 거지."

하지만 선민은 진호가 자신을 배려하고 있다는 것을 잘 알기에 고마운 마음에 눈시울이 붉어졌다.

"그런데 나 궁금한 게 하나 있는데, 너 정말 범수 좋아하는 거냐?" 진호의 난데없는 질문에 선민이 또 장난이구나란 생각에 얼굴을 구기며 말했다. "내가 범수 선배를 정말 좋아하건 말건 그게 선배하고 무슨 상관인데요?"

"아 물론 상관은 없는데 그 녀석이 엄청난 바람둥이란 사실은 알고 있나 해서 말이야. 아마 대학 다닐 적에 그 녀석 좋다고 한 여자 애들만도 한 트럭은 넘을걸."

선민이 좀 지나치다 싶었는지 정색을 하며 말했다. "이 시점에서 그런 말을 하는 이유가 뭐에요?"

그러자 진호가 한쪽 눈을 찡끗해 보이며 말했다. "재미있잖아. 순진한 애 놀리는 거."

선민이 선배하고 소리를 지르다 사무실이란 사실을 깨닫고 얼른 입을 틀어막았지만 이들이 티격태격 하는 게 어제 오늘 일이 아니어서 그런지 신경 쓰는 사람은 없어 보였다.

"선배 그런 식으로만 해 봐요. 나중에 범수 선배한테 다 이를 거니까요." 선민이 낮게 말하고 황급히 자리를 뜨자 진호가 책상 위에 놓여진 자신의 가족사진을 보며 말했다. "녀석, 난 잘해 보란 뜻으로 한 말이었는데."

선민이 올린 기사는 다행이도 큰 무리 없이 데스크를 통과했지만 마침 나라에 생긴 큰일로 인해 미뤄졌다.

기사가 미뤄졌다는 소식을 들은 날 선민은 다시 범수가 운영하는 커피숍을 찾았다.

"아, 오셨어요? 사장님 기자 후배분 오셨는데요." 직원과 인사를 하고 선민이 범수의 자리로 가자 범수가 인터넷으로 뭔가를 검색하고 있었는지 인상을 구기며 말했다.

"뭐야, 어떻게 된 거야. 오늘자 신문부터 실린다고 하더니?"
범수의 말에 선민이 알았다는 듯 웃으며 답했다.
"미안해요. 오늘자 신문부터 실릴 예정이었는데 아시다시피 큰 사건이 터지는 바람에 기사가 밀렸어요."
마침 범수가 열어 놓은 인터넷 신문에도 "북한 핵 실험 재개"란 타이틀이 굵은 글씨로 쓰여 있었다.
"선배도 보셨군요. 저 문제 때문에 당분간 시끄러울 거 같아요. 그래서 데스크에서 기사를 며칠 미루자고 하네요."
"그래. 아무래도 사안이 사안이니 그럴 수도 있겠지. 근데 너 혹시 진호하고 사귀는 거냐?"
난데없는 질문에 선민이 얼굴을 붉히며 말했다. "선배, 진호 선배는 유부남이에요. 네 살 난 아들도 있다고요."
"아, 그래. 난 니들이 하도 다정해 보이길래 둘이 사귀는 줄 알았지."
"그런데 왜 진호 선배하고 사귀냐는 질문을 두 번이나 한 거에요? 이유가 있는 거 같은데?" 선민이 기대 가득한 표정으로 묻자 범수가 웃으며 답했다. "재미있잖아. 어리바리한 후배 하나 놀려 먹는 거."
선민이 실망 가득한 얼굴로 범수를 노려보자 범수가 담배를 물며 말했다. "어디 선배를 노려봐. 눈 안 깔아."
그 말에 선민이 찔끔하여 얼른 눈을 내리는데 다시 범수의 목소리가 들려 왔다. "거봐. 재미있잖아."
이번에도 당한 걸 안 선민이 화를 내며 말했다.
"선배나 진호 선배나 나 놀리면 좋아요?"

하지만 돌아온 범수의 답은 선민을 허탈하게 했다.
"응. 좋아."
선민이 화가 나 일어서려 하자 범수가 말했다.
"잠깐 앉아 볼래."
범수의 갑작스러운 진지한 목소리에 선민이 다시 자리에 앉자 범수가 담배에 불을 붙이며 말했다.
"넌 이번 기사가 장애인들에게 얼마나 긍정적인 효과를 줄 거라 생각하니?"
선민이 모르겠다는 듯 고개를 저으며 말했다. "솔직히 말하면 전 잘 모르겠어요. 한 편으론 이런 기사가 조금이나마 도움이 되지 않을까 하는 생각도 들었지만, 또 한편으론 많은 사람들이 그저 읽고 지나가는 기사에 불과하지 않을까 하는 생각도 해요."
범수가 낮은 목소리로 말했다. "그래. 나도 같은 생각이야. 처음에 이 기사를 만들자고 너희들에게 말했을 땐 이렇게라도 조금씩이나마 알리는 것이 장애인들에게 도움이 되지 않을까 하는 생각이 없지 않있어. 하지만 장애인에 대한 편견의 벽이 높다는 사실에 난 이 기사가 무슨 의미가 있을까 하는 생각을 하게 됐어."
그리곤 천천히 키보드를 두들겨 익숙하게 기사 하나를 찾더니 모니터를 선민 쪽으로 돌려 보여 주었다.
거기엔 "태권도 장애인 올림픽 시범 종목 불발"이라는 기사가 떠 있었다. 그 기사를 읽는 선민의 눈이 차츰 커지더니 눈에서 눈물이 핑 돌았다. 기사 내용은 장애인 올림픽 태권도 시범 종목 채택이 체육 단체들 불협화음으로 무산이 되었다는 내용이었다.
"그렇게 놀랄 것도 없어 이런 일이 있을 거라고 예상 못한 것도 아니거든." 범수가 담담하게 말하자 선민이 떨리는 목소리로 물었다. "대체 뭐 때문에 불협화음이 일어 난 거예요?"
범수가 담배 하나를 더 물며 여전히 담담한 목소리로 말했다. "넌 뭐 때문일 거라고 생각하는데?"
돌아 온 질문에 선민이 잠시 생각하더니 답했다. "또 이권 다툼 때문인가요?"
"그것 말고 뭐가 있겠어. 체육 단체나 장애인 단체나 서로 조금이라도 더 받으려고 애쓰고 그런 와중에 새로운 종목을 받아들이면 그만큼 자신들에게 돌아가는 것이 적어지기 때문이지."
"너무 하는군요. 다른 것도 아니고 장애인들을 위한 장애인 올림픽인데."
"흥! 장애인 올림픽이라고 대체 누구를 위한 장애인 올림픽일까? 장애인 아니면 그 장애인 체육 단체?"
선민이 알겠다는 듯 고개를 끄덕이다 입술을 깨물며 말했다. "선배 어쩌면 오늘 기사 안 나간 게 다행일지도 몰라요?"
범수가 무슨 말이냐는 듯한 표정으로 쳐다보자 선민이 강한 어조로 말했다.
"아무래도 기사 내용 중 일부를 수정해야 할 거 같아서 말이에요."
그제서야 무슨 말인지 알아들은 범수가 고개를 저으며 말했다. "니 뜻은 알겠는데, 그런다고 장애인 단체들이나 체육 단체들이 달라지는 것도 아니고 잘못하면 니 입장만 난처해질 수 있으니 그냥 원래 기사대로 가는 게 좋을 거 같아."

그러자 선민이 픽 웃으며 말했다. "왜요? 저도 선배처럼 짤릴까봐 그러세요?"

범수도 웃으며 말했다. "그래 너 짤리면 날 얼마나 원망할텐데 또 진호 녀석은 날 얼마나 들볶겠냐?'"

말이 끝나기가 무섭게 선민이 새치름하게 쏘아 붙였다. "그럼 선배가 나 책임지면 되잖아요?"

"책임? 뭐 여기 취직이라도 시켜 달라는 말이냐?" 범수가 무슨 말인지 이해를 못하고 딴 소리를 하자, 선민이 짜증난다는 듯 톡 쏘아 붙였다.

"나, 선배 좋아한다고요. 그러니 선배가 나, 책임지면 되잖아요."

"그래? 누가 날 좋아하면 무조건 다 내가 책임을 져야 하는 거야? 그런 거야? 그럼 지금까지 내가 책임을 져야 할 여자만도 수십 명은 넘을 기 같은데?'

전혀 당황하지 않은 듯 여전히 침착한 목소리로 이렇게 말하는 범수의 얼굴은 딱딱하게 굳어 있었다.

그 표정을 본 선민은 자기 혼자의 감정을 섣불리 말한 게 아닌가 하는 생각에 당황하고 창피스러웠다.

"미, 미안해요 선배. 나 먼저 일어날게요." 허둥지둥 나가는 선민의 뒤를 따르는 범수의 눈엔 슬픔이 가득했다.

"미안하긴 내가 미안하지, 하지만 난 니가 나 같은 놈보다는 더 좋은 놈을 만나는 게 좋을 거 같아."
 선민이 나간 문을 한참 응시하듯 바라보고 있던 범수가 천천히 고개를 떨구며 낮게 웅얼거렸다.

 일주일이 지난 뒤 진호가 기사가 실렸던 신문들을 한 보따리 들고 가게로 들어왔다.
 "야, 김범수. 나와서 이것 좀 받아 주지 그래?"
 웅이 얼른 일어나 진호의 손에 들린 신문 보따리들을 받아 들었고 진호의 목소리를 알아들은 범수가 인상을 쓰며 나오더니 투덜거렸다.
 "이게 기자씩이나 된다는 녀석이 남의 영업장소에 와서 고성방가를 해. 죽을래?"
 그런데 진호의 목소리보다 범수의 목소리가 더 큰 것에 웅이 킥 하고 웃자 범수가 돌아보며 물었다. "재밌냐?"
 웅이 찔끔하여 신문 뭉치들을 들고 얼른 바텐으로 가며 말했다. "커피 준비해 드릴게요."
 오후의 가게엔 마침 손님이 없어 나른한 햇살만 내리고 있었다.
 "대체 뭘 가지고 호들갑이냐?" 범수가 자리에 앉아 담배를 진호에게 권하며 물었다.
 "젠장 이놈의 담배 끊어야 하는데 만날 마누라 구박에 애 잔소리에."
 범수가 씨익 웃으며 말했다. "지랄을 하세요. 니가 담배를 끊어? 차라리 처칠이 담배를 끊는 게 더 빨랐겠다."

진호도 웃으며 말했다. "하긴 그래. 술 담배도 없으면 무슨 낙으로 이놈의 기자질 하겠냐?"

잠시 후 커피가 나오자 범수가 커피에 설탕을 넣어 저으며 물었다. "기사 실린 신문들이냐?"

"그래 인석아. 니 녀석 부탁대로 날짜별로 500부씩 1500부 다 들고 오느라고 어깨 빠지는 줄 알았다."

진호도 커피에 설탕을 넣으며 물었다. "그래, 기사는 읽어 봤냐?"

범수가 고개를 끄덕이더니 모니터 화면을 돌려 한 폴더를 열어 보여줬다.

거기엔 깔끔하게 카피가 된 세 편의 기사가 나란히 복사되어 있었다.

"그래 기사는 마음에 드냐?" 진호가 약간은 걱정스러운 표정으로 물었다.

이번 기사가 북핵문제로 잠시 밀렸을 때 뜬금없이 선민이 진호에게 기사 전면 수정을 요청해 왔고, 편집 데스크에 욕을 먹으며 다시 편집한 것이 지금 신문에 실린 기사였다.

기사는 범수와 선민, 진호가 기사를 기획하는 이야기로 시작하여 김태경 사범을 만난 이야기까지가 한 편, 그리고 복지관에서 만났던 사람들의 이야기와 한민우의 이야기가 한 편, 정부의 장애인 복지 정책과 장애인 단체들의 문제점에 대한 것들이 한 편 해서 모두 세 편이었다.

어찌 보면 중앙 일간지에서 사흘에 걸친 특집을 줬다는 건 대단한 일이 아닐 수 없었지만, 범수의 성격을 잘 아는 진호로

서는 범수가 이번 기사에 만족하지 못할지도 모른다는 생각을 가지고 있었다.

그런데 의외로 범수는 선선히 고개를 끄덕이더니 말했다. "응, 아주 마음에 들어. 수고 많았다. 근데 왜 막판에 기사의 순서가 바뀌고 뜬금없이 내 이야기가 들어가게 된 거야?"

진호가 커피를 한 모금 꿀떡하고 삼키더니 범수를 빤히 보며 말했다.

"그건 내가 아니고 담당인 선민이에게 물어야 하지 않니? 선민이 말로는 리얼리티를 살리려 했다고 하더라. 그런데 너 선민이하고 무슨 일 있었냐? 오늘 여기 가자고 해도 약속 있다며 빼고, 며칠 전에도 우연히 니 이야기가 나오니까 괜히 짜증을 내던데."

범수가 잠시 생각하더니 말했다. "글쎄, 난 잘 모르겠는데, 나한테 실망이라도 한 거겠지."

한참 어색한 침묵이 흐른 뒤 먼저 말문을 연 것은 진호였다. "그런데 이런 질문은 좀 그렇지만 말이야. 너 선민이를 어떻게 생각하니?"

범수가 무슨 뜻이냐는 표정으로 진호를 바라보며 물었다.

"뭘 어떻게 생각해?"

"그러니까 선민이를 에이 그냥 까놓고 말하자. 선민이가 여자로서 어떠냐고, 자슥아."

"선민이가 여자로서 어떤지를 왜 니가 묻는 건데?" 되레 던져진 질문에 진호가 성질을 내며 말했다.

"이게 지금 나랑 장난하나, 선민이가 너 좋아하는 건, 너도 알잖아. 이야기 했다며?"

"그래서?" 다시 범수가 딱딱한 어조로 묻자 진호가 담배를 하나 물며 말했다. "그런데 니 녀석이 퉁을 놨다며."

"난, 선민이 별로라서 그랬는데, 그게 너랑 무슨 상관인데?" 범수의 말에, 진호가 씨익 미소를 지으며 말했다.

"자슥이 귀신을 속이지 감히 감 하나로 살아 온 이진호 기자를 속이겠다고? 너 선민이랑 같이 있을 때 표정이나 행동이 어떤 줄은 알고 그런 소리 하냐?"

그 말에 범수가 당황하여 목소리가 커졌다. "이게 생사람을 잡네. 내가 뭘 자슥아."

"호호 너 선민이랑 나랑 셋이 만날 때 니가 선민이 보는 표정이 어떤 줄 아냐? 나 이진호야, 인마. 한국대의 카사노바 이진호. 니 표정엔 쓰여 있거든. 나, 얘 좋아해라고."

한참 동안 담배만 피던 범수가 한숨을 내쉬더니 입을 열었다. "내가 누구냐? 나 한국대의 돈주앙 김범수거든."

"그래, 한 때는 그랬지. 클럽에 한번 뜨면 기본 여자 세 명이라는 한국대 최고의 돈주앙, 그런데 니 녀석은 한계가 있어. 그게 뭔지 아냐? 그건 정말 좋아하는 사람이 생기면 뒤로 물러난다는 거야. 더구나 지금 니가 장애까지 입은 상태라는 것 때문에 선민이에게 호감이 가면서도 말을 못 하는 거잖아. 아니냐?"

범수가 한숨을 내 쉬더니 졌다는 듯 양 손을 들어 보이며 고개를 끄덕였다.

"그래, 솔직히 말해 처음 선민이랑 함께 다니던 날부터 왜 이런 보석을 그땐 못 알아 봤을까라는 자책을 했지. 하지만 셋이 같이 다니며 나보다는 너에게 훨씬 더 잘 어울린다고 생각을 했어. 둘이 직업도 같으니 그런 부분에서도 공유되는 것도 훨씬 더 많을 테고 말이야. 그리고 한국대의 카사노바가 그렇게 허망하게 일찍 장가를 갈 거라곤 생각도 안했지. 애가 네 살이면 언제 간 거야?"

"놀 거 다 놀아 봤더니 별거 없더라고, 그 와중에 여친이 애를 가지는 바람에 코 꿴 거지. 쩝"

"오호라 속도위반! 천하의 카사노바가 실수는 아닌 거 같고 너 일부러 임신시켰지?"

범수가 능글맞게 웃으며 말하자 진호가 얼굴을 구기며 말했다. "그래, 하도 괜찮아서 잡으려고 사고 쳤다. 됐냐? 그런데 이야기가 왜 갑자기 내 쪽으로 가냐? 하여간 니 녀석 말 돌리는 솜씨 하나는 알아 줘야 한다니까. 어쨌건 너 선민이가 좋다면 잘해 볼 생각은 있는거지?" 범수가 웃음을 거두며 무겁게 고개를 저었다.

"진호야 만약에 말이야 니가 딸이 있는데 나처럼 눈에 뵈는 것도 없고, 성질까지 더러운 놈을 데리고 와서 이 사람을 사랑하니 결혼 할래요 하면 그래라 하겠냐? 입장을 바꿔 나라면 머리를 밀어 버릴 거 같거든."

진호가 다시 담배를 물며 물었다. "그럼 장애인에 대한 편견을 줄이겠다며 니가 이번에 제안한 기사는 뭐냐?"

"선민이에게도 말했지만 그 기사로 얼마나 많은 사람들의 장애인에 대한 편견을 깰 수 있을까? 물론 지금보다는 달라지는 사람도 많겠지만 그렇다고 장애인에 대한 편견, 특히 연세 드신 분들의 편견까지 깨기는 어려워. 그럴 경우 선민이가 얼마나 힘들어져야 하는지 그건 생각을 해봤니?"

진호도 미처 거기까지는 생각해 보지 않았기에 잠시 생각을 하다 고개를 끄덕이며 말했다.

"그래 그건 분명 니 말에 일리가 있어. 하지만 장애인과 비장애인이 가정을 이뤄 사는 경우도 많잖아. 지난번에 만났던 김태경 사범이란 분은 사모님하고 연세가 14살이나 차이까지 난다며? 그래도 잘만 살잖아."

범수가 웃으며 말했다. "너 사모님 한 번도 못 뵈었지? 보면 그 이유를 알 수 있을거야. 그런 결혼이 성립되려면 여자가 얼마나 강단이 있어야 하는지 아니? 김태경 사범님이 사모님에게 꼼짝도 못하고 쥐어 산다는 걸 알아야지"

"오호라, 무술이 종합 24단이신 분도 사모님에게 꼼짝을 못한다, 그거 말 된다. 하긴 뭐 나도 마찬가지지만. 그런데 범수야 그런 상황이 아니너라도 어려운 결혼을 밀어 붙여 성공시키는 케이스는 많아. 그리고 지금 너랑 선민이랑 사귄다고 해서 당장 결혼을 해야 하는 건 아니잖아. 그냥 편하게 사귀면서 서로를 더 알아 가다가 맺어지면 맺어지는 대로 헤어지면 헤어지는 대로 가는 게 낫지 않을까?"

그러나 범수는 완강히 고개를 저었다. "나 좋자고 선민이에게 상처를 주라고? 난 그러긴 싫은데. 차라리 내가 나쁜 놈으로 남는 게 낫지." 그때 칸막이 뒤에서 울먹이는 선민의 목소리가 들려 왔다.

"그래, 그럼 그렇게 너 혼자 살아라. 이 나쁜 놈아." 그 말과 함께 뛰어 들어 온 선민이 범수를 와락 안았다.

"어어, 이건 무슨 야한 시추에이션?" 진호가 당황하며 농담을 던졌지만 반응하는 사람은 아무도 없었다.

"선배. 선배는 그렇게 나약한 사람 아니잖아요. 그냥 우리 사귀면서 천천히 생각해도 되는 걸, 왜 선배는 모든 걸 자기 혼자 끌어안으려고 해요? 그것도 패배주의 아니에요? 선배 학교 체육대회 때 뭐라 했어요? 지더라도 당당하게 지자 당당한 사람은 져도 진 것이 아니다라고 했었지요. 그래 놓고 이게 뭐에요? 예전에 그 당당하고 오만하던 김범수 선배는 어디 갔어요?"

울먹이며 따지는 선민의 말에 범수의 눈에서도 눈물이 한줄기 흘러 내렸다.

그리곤 팔을 뻗어 선민의 등을 얼싸 안았다.

진호가 휘파람을 불며 일어나더니 밖으로 나가며 말했다.

"누구랑 누구는 얼레리 꼴레리! 얼레리 꼴레리!"

진호의 이 말에 선민과 범수는 밝게 웃음을 지으며 서로를 쳐다보았다.

하루를 마감하는 저녁노을이 창을 통해 두 사람을 아름답게 비추고 있었다.

어둠

김진섭

　밤은 하늘이 우리에게 준 유일한 선물이다. 하루하루 열심히 일한 사람에게는 더 소중한 시간이다. 휴식을 할 수 있는 포근한 공간이다. 사방이 어둠으로 둘러싸인 방안은 엄마의 품속처럼 편안하다. 가만히 눈을 감고 어둠에 기대본다.

　어둠을 깔고 그 위에 덩그렇게 누웠다. 5년 전만 해도 어둠이 밀려오면 포근함보다 조급한 마음이 더했다. 하루를 정신없이 뛰어다니다 짙은 어둠에 휘감겨 집으로 돌아오기가 일쑤였다. 어둠이 귀찮게 여겨질 때도 있었다. 어둠의 진정한 고마움을 느끼지 못했다.

　밤은 어둠을 오른손에 품어 안고 태양과 줄다리기를 한다. 하루의 절반은 어둠이 깔리면서 밤을 만든다. 어둠은 속삭이며 사랑을 나누기도 한다. 가끔은 원망하며 다툴 때도 있다. 사람이 주고받는 비밀도 듣는다. 어떤 비밀도 지키는 의리가 있다. 때로는 남편의 잦은 외박으로 부부 싸움을 부추기기도 한다. 아침이면 이혼 소동이 들려오고 밤은 침묵으로 기다려 준다. 며칠이 지나면 부부는 또 다른 어둠을 덮고 속삭인다.

어둠은 일기를 쓸 줄 안다. 하루 내내 겪은 많은 일을 적어 좋은 추억으로 만든다. 슬픔으로 일기장이 온통 젖어 버릴 때도 있다. 어둠은 변하지 않는 낭만을 지니고 있다. 사람은 한결같은 그들의 배려 속에서 희로애락을 맛보며 살아간다.

나는 어둠을 사랑했다. 여름 밤 어둠에 둘러싸여 별을 바라보며 사랑의 노래를 불렀다. 바닷가 모래 위에 둘러앉아 밤을 지새우며 철학을 논하고 막걸릿잔에 궤변을 담아 마시기도 했다. 끝없는 논쟁으로 해변이 몸살을 앓기도 했다. 지나간 시간이 어둠으로 두껍게 싸여 간다. 그리운 젊은 날의 기억도 어둠 속으로 영원히 잠기고 있다.

어둠의 배려를 알지 못하는 사람도 있다. 하루 내내 열심히 일하고 어둠에 묻혀 잠을 자면서도 소중함을 느끼지 못한다. 잠을 자면서 내일을 위한 기운을 충전한다는 사실을 모른 채 살아간다. 또한, 많은 사람이 밤을 괄시하고, 경시하는 경향이 있다. 거대한 문명이 밤을 좀먹고 있다. 문명이 키워낸 괴물이 밤을 향해 칼침을 놓고 노려보고 있다. 어둠은 산산이 부서져 절룩거린다. 밤이면 수줍게 고개 숙여 우리를 바라보던 별들도 사라져간다. 하늘을 이고 서서 평온을 사랑하던 달님마저 쑥스러워 얼굴을 돌린다. 멀리 기적 소리 들려오고 적막을 덮고 소곤대던 온정도 찬란한 네온사인에 외면당하고 있다. 어둠이 분노하여 영원히 밤을 파괴해 버릴까 두렵다.

밤은 우리에게 많은 것을 준다. 사랑과 희망을 주기도 하지만 미움과 절망을 줄 때도 있다. 밤이 존재하는 데는 어둠이라는 그림자가 있어 가능하다. 하루의 절반은 밤이다. 하루를 어둠 속에서 사는 사람도 있다. 사람이 하루를 즐길 수 있고, 고마움을 느끼며 사는 것은 절반이라는 공평함 때문이다. 그런 공평함을 누리지 못하는 사람도 많다. 항상 어둠을 끌어안고 살아가는 사람에게 어둠은 어떤 의미일까?

평생을 어둠 속에서 사는 사람의 심정을 알고 싶다면, 깜깜한 밤에 두 눈을 꼭 감고 생각에 잠겨보라. 가장 슬플 때를 떠올리며 눈을 감은 채 그때 생각을 백지에 적어 보자. 슬프게 했던 단어와 미움의 단어 그리고, 지금의 감정을 적어보자. 새벽에 일어나자마자 백지를 살펴보라. 백지에서 어둠의 흔적을 보게 될 것이다. 빛의 소중함을 절실히 느끼게 될 것이다. 어둠은 빛의 오른손이라고 한다. 사람에게 오른손과 왼손이 있듯이 하늘에도 두 손이 있어 하루를 공평하게 만들어 가고 있다. 신의 멋진 선물임이 틀림없다.

잠이 들면 후회와 갈등으로 꿈속을 허덕이다 깨고는 할 때가 있다. 그렇게 찾아든 밤의 무거운 냄새는 가슴을 후비고 간다. 시각장애인이 되고 더 그런 밤은 나를 괴롭게 했다. 지금은 절반의 혜택을 누리지는 못하지만, 밤과 낮을 구별할 수 있는 것에 만족한다.

한 젊은 남자가 어둠에 감겨 영원한 세계로 갔다. 그 사람에게 어둠은 의미 없는 공간이었다. 46년을 어둠 속에서 살아왔지만, 어둠에 익숙해질 수 없었던 것 같다. 온몸에 밴 어둠을 끝내 털어 내지 못한 것이다. 그 무게가 얼마나 견디기 어려웠기에 순간의 굴레에서 빠져나오지 못했을까? 늙은 어머니의 한숨 소리와 까만 눈물은 혹한 눈바람이 되고, 광산촌 냇물이 되어 흐를 것이다.

담배로 어둠을 쫓아내려 불을 당긴다. 머릿속에서 꿈틀대는 산란이 또렷한 비웃음으로 기웃거린다. 머리를 흔들어 본다. 사방에서 울음 섞인 두려움이 파도치듯 몰려온다. 생의 몸부림이 허공을 맴돌다 사라진다. 설움도 밤의 골목을 주정뱅이 걸음으로 다가온다.

그가 타고 간 어둠은 무슨 색깔일까? 하루를 살아도 일곱 색깔 무지개를 보며 살고 싶었을 것이다. 하루의 반쪽인 어둠을 찾아 돌아오지 못할 길을 떠난 그가 웃고 있다. 나머지 반쪽인 찬란한 햇빛을 바라본다. 기쁨도 슬픔도 그 햇살 속에서 공평하게 빛나고 있다. 그가 어둠의 터널로 뛰어든지 어느덧 일 년이 지났다.

오늘도 우리는 빛의 오른손을 부여잡고 손잡아 줄 희망을 찾아 걷는다.

동 행

김판길

문학 캠프 가는 날 아침 8시경 수서역에서 10시에 일행과 만나기로한 시간에 늦지 않기 위해 집에서 일찍 나선다고 했지만 출근 시간이라 집에서 검암역까지 오는데도 30분이나 걸렸다. 마음은 벌써 약속 장소에 가 있고 역무원의 안내를 받아 김포공항 가는 열차를 타는 플랫폼에 서 있다. 어디쯤 오고 있는지 오늘따라 시간이 길게 느껴진다.

한 달에 한 번 모이는 문학 모임을 일년 정도 쫓아 다녔고 오래 쉬어 그동안 만나지 못한 회원들을 오랜만에 다시 만난다고 생각하니 뭔지 모를 기대와 설렘이 나를 들뜨게 했다. 조금씩 불편한 몸이지만 나름대로 글을 쓰며 하루하루 열심히 사는 이들에게 부디 좋은 일이 있기를.

이윽고 기다리던 열차가 도착했고 친절한 역 직원에게 감사하다는 인사를 하고 자리에 앉았다. 차를 타면 나는 속으로 기도를 한다. 이 차를 운전하는 기관사님 오늘도 안전 운전하게 하시고 이 차를 이용하는 모든 분들 좋은 하루되게 하소서. 일을 찾아 떠나는 이들은 말이 없고 신문을 보거나 잠시 눈을 감고 생각에 잠겨 있으리라. 열차는 계양역을 지나 종착역인 김포공항역에 도착했다. 사람들은 분주히 내리고 텅 빈 차 안에

나만 우두커니 남게 되었다. 맨 나중에 천천히 내려야지. 다 내렸나 싶어 두리번거리는 나에게
"제가 안내 해 드릴게요. 저랑 같이 가시죠."
고운 목소리로 내 손을 따뜻한 손으로 잡아 주는 아가씨가 있었다. 처음엔 역 직원인가 싶어 물어 보았더니
"아닙니다. 저도 5호선을 타러 가는 길이니까 가시는 데까지 제가 안내해 드릴게요."
하는 것이었다. 에스컬레이터를 타고 환승로를 걸어 사람들 속에 그녀와 함께 5호선 열차로 바꿔 탔다. 목소리를 듣자하니 스물다섯 정도 나이에 사람들을 많이 대하는 회사원 같았다. 나는 그 아가씨에게 고마움과 미안함을 뭐라 말해야 좋을지 몰라 정말 감사하다고만 했다. 바쁜 출근 시간에 먼 거리를 가야하는 직장 여성이 고단도 할 텐데, 남들 빈자리를 찾아 뛸 때 눈이 불편한 내 걸음에 맞추어 나를 앉게 하고, 30분 이상을 내 곁에 서서 지켜준 그녀는 천사가 아닐까.

무슨 일을 하느냐고 넌지시 물어보니 이동통신 회사에 다닌다고 했다. 음성인식이 되는 편리한 휴대폰을 쓰는 나에게 좋은 직원분의 도움까지 받게 되다니. 중간 중간에 이번에 무슨 역이고 몇 정거장 후에 자기가 내리니까 세 정거장 더 가서 내리면 된다고 내가 내릴 역을 점검해 주기도 했다. 나는 고마운 마음에 그 아가씨에게 오늘 2박 3일로 문학캠프를 가는 길이고 다녀와서 내 시가 실린 책을 한 권 보내 주기로 했다.

이윽고 아침을 달려온 열차는 그 아가씨도 어느 역에 내려

주고 조심히 가시라는 그 아가씨의 말을 떠올리며 나는 또 붐비는 3호선으로 갈아탔다.

　나는 문학 캠프에 다녀오는 내내 더 좋은 글을 써야겠다는 생각을 했다. 검암에서 종로 3가까지 내게 천사였던 그녀처럼 나도 누군가에게 좋은 천사가 되어 보기로.

아랫집 남자의 여자

서경애

지난밤은 귀뚜라미들의 운동회 날이었나 보다. 청군, 백군 응원하듯 이쪽에서 한바탕 목청을 높이면 또 저쪽에서 함성을 지른다. 새벽이 되도록 지칠 줄을 모른다. 그런데 왜 내 가슴에, 기다렸던 그 무엇인가를 잃어버린 것 같은 아쉬움이 선선한 바람처럼 다가오는 것일까? 여름, 가을을 50번이나 보내고 맞는데 아직도 익숙지 않다.

창가에 섰다. 마주치는 눈동자. 잠을 먹지 못한 허기져 보이는 눈빛. 아랫집 남자의 어머니였다. 서너 살쯤 되어 보이는 계집아이를 업고 서성이고 있다. 나와 눈이 마주친 후 이리 좀 나와 보라는 말을 하고 있는 것 같아 나가보았다. 이건 단순히 내 느낌이었다. 평소에도 자질구레한 이야기는 하지 않고 살던 관계였다. 그런데 이날 아침은 다정한 이웃처럼 마주서게 되었다. 그 집 어머니는 나를 보시자 허기진 눈에서 눈물마저 빼내신다.

"내가 너무 오래 살았나 보우. 빨리 죽었으면 이꼴 저꼴 안 봐 편할 텐데……." 등에 있던 아이는 중국어로 할머니에게 왜 우냐고 묻는다. 자세히는 몰라도 아랫집 남자의 소문은 대충 알고 있는 터라 나도 아무 말을 할 수가 없었다.

그는 학벌도 직업도 변변치 않아 늦게까지 결혼을 못하고 있었다. 요즈음 여자들이 어찌 마음만 갖고 살던가? 사람을 볼 때 제일먼저 묻는 게 몇 평짜리 아파트와 몇 cc짜리 자동차를 소유하고 있는지가 아니던가? 그러다보니 결혼을 하고 싶어도 하지 못하는 사람들이 흔한 요즘이다. 아랫집 남자도 이 중 한사람이었다. 본능적으로 여자를 안고 싶어 직업여성들을 찾아도 기십만 원이 없어서 못 간다는 남자였다고 한다. 늦은 시간에 끙끙대는 소리가 있어 그의 어머니가 가보면 자위행위를 하고 있기도 했다고도 했다. 그녀는 젊은 청년들이 그런다면 자연스럽게 봐줄 수 있을 텐데 나이든 아들이니 불쌍해서 보기가 힘들었다고 한다. 그래서 고심 끝에 흑룡성강 부근에서 살다온 한족이랑 결혼을 시켜주었다. 워낙 우리나라도 다종교, 다문화, 다인족으로 흘러가는 추세라 자연스럽게 받아 들였단다. 처음에는 살다 도망가면 어쩌나 싫기도 했는데 지금은 전과 달리 결혼한 지 4~7년이 되어야 우리나라 국적을 얻을 수 있다고 했다. 국적을 얻기 위해서 결혼을 했더라도 그 정도 살다보면 정도 들 테고, 아이도 낳고 키우다보면 성발 우리 며느리 되겠지 싶어 마음이 편했다고 한다. 중국여자라 그런지 생활력도 강하고 억척스럽게 살아내는 모습이 아주 예뻤다. 아들도 늦복이 터진 듯 날마다 싱글벙글, 남자의 방에서는 손짓발짓 하며 대화가 끝날 줄을 몰랐다. 비록 내 집이 아니고 자동차가 없어도 2~3년 동안은 사람 사는 것 같았다고 했다.

   그런데 복덩이 같던 그 며느리는 한국 국적을 얻자마자 새까맣게 눈뜨고 있는 이 아이까지 놓고 도망을 갔단다. 남자의 어머니는 혹 떼려다 혹 하나 더 붙인 꼴이 되었다고 한심해 한다.
"절간의 스님이 고기 맛을 한 번 보면 빈대도 안 남아 난다는 속언이 있기는 하지만, 글쎄, 혹 하나도 모자라 어디서 얼굴이 검은 판피린―그녀는 '필리핀'이라는 나라를 모르는 듯, '판피린'이라고 이야기했다―여자를 데리고 왔지 않수? 지금 아이를 낳은 지 2개월이 되었지 뭐유? 그러다 보니 이 아이가 더 불쌍하고 짐스러워지지 않겠수? 눈치는 빤해서 판피린 엄마가 있으면 냉장고 한 번을 안 연다오. 지 애비도 정이 한곳으로 쏠리는지 판피린이 낳은 아들만 갖고 요란을 떤다우. 이 늙은이 심보가 못됐는지 왜 그렇게 그 꼴이 보기가 싫은지 모르겠수. 그리고 저 판피린 여편네도 4년이면 가겠지 싶어 정이 안 간다우. 그 안에 이 늙은이가 안 죽으면 그 꼴까지 봐야 되는 것이 아닌가 싶어 한심하기 그지 없다우. 차라리 혼자 늙게 둘 것을 처음부터 괜한 짓을 해 발등을 찍은 게 아닌가 싶기도 하고. 내가 잘못 생각했지. 못 사는 나라 사람이라고 돈 모르겠수? 어차피 돈 때문에 정든 부모, 형제 남겨두고 온 냉정한 사람들이었는데 타국에서 만난 남편, 자식이 대수겠수?" 하며 울먹이신다.
아랫집 남자의 여자들은 한국이라는 나무에 매달려 있는 나뭇잎 같은 느낌이 들었다. 가을이면 나뭇잎이 물들 듯 자기 얼굴색으로 물들다 떨어져야 되는 나뭇잎 말이다. 다민족이 정착되어 가는 과도기인지, 우리가 결혼을 회피하는 사이 가정 붕괴가 빠른 속도로 사회의 문제가 되어가고 있다. 이런 시점에서 다시 한 번 우리가 심도 있는 고민을 해봐야 할 때가 아닌가 싶다. 이게 어찌 아랫집 남자네만의 문제인가? 농촌이나 변두리 어디에서나 흔히 볼 수 있는 문제이다. 자본이 왕인 곳에서는 어디서나 일어날 수 있는 일들일 것이다. 아랫집 남자의 여자들처럼.

고들빼기 같은 것

　　　　　　　　　　　　　　　서경애

손톱위에 노을

실바람에
흔들리는 홑잎이 싫어
겹으로 피어난
토담아래 봉숭아 따다가
밤새 그 애를 생각하다
손톱위로 노을이 되어도

서늘한 바람 불어
하얀 반달로 떠도
오지 않던 사람

기다리다 생각하다
까만 씨로 남겨져
고된 여름이 오면
심을까? 말까?
열어보는
씨앗봉지 하나

그 애는 이렇게 작은 가슴을 팔딱이게 했었다. 언제나 그 애를 생각하면 풋 복숭아처럼 시고 떫은 맛. 그래도 한 입 물어뜯을 수밖에 없는 그것이 나의 첫사랑 느낌이었다. 그때 기다려도 내 곁으로 오지 않던 원망스러웠던 아이. 손톱위에 노을이 져도 오지 않던, 생각만 해도 내 마음이 아픈 아이였지만 이가 다 빠져 틀니 박는 할머니가 되기 전 꼭 한 번 보고 싶은 사람이었다. 사랑이고 어쩌고 하기 보다는 작은 가슴이 숨을 쉴 수 없을 정도로 뛰게 했던 그 시절이 내게도 있었음을 과시하고 싶은지도 모르겠다.

그러던 어느 날이었다. 재미 삼아 들어간 사이트 하나가 있었다. 고등학교 선생님이 관리 하시는 '수필과 인생' 이라는 사이트였다. 그 사이트는 아마추어들이 글을 올리면 관리하시는 선생님의 지도를 받을 수 있는 곳이었다. 거기에 우연히 이런 친구가 보고 싶다는 글을 남긴 적이 있었다. 그때도 지금처럼 봉숭아가 꽃밭에 피어 있을 때였다. 아이들과 첫사랑에 대해 이야기를 주고받으며 봉숭아물을 들였다. 손톱 위에 비닐을 감고 수필과 인생이라는 사이트 문을 열게 되었다. 그리고 글을 남겼던 것이다. 한참 후 글 아래 혹시 ○○살지 않았냐는 댓글이 달려 있었다. 알고 봤더니 그 애를 잘 아는 친구였다. 인터넷이라고 하는 것이 정말 신기했다. 이렇게 되고 나니까 그 애가 정말 보고 싶어졌다. 이제 '애'라고 하기에는 너무 나이를 많이 먹어 버리기는 했지만 어찌되었던 마음이 그랬다.

한 20일쯤 지났다. 이번엔 쪽지가 왔다. 실은 그 애가 병상에 누워있다는 것이다. 시한부 선고를 받고 떠날 시간을 기다리고 있다고 한다. 우리 나이가 이제는 차츰차츰 주변정리를 할 때이기는 해도 정말 놀라웠다. 그리고 궁금해졌다.

'사람이 죽을 날을 받아놓으면 하고 싶은 일도, 보고 싶은 사람도 많다던데 거기에 내가 끼어있는 것은 아닐까?' 하는 엉뚱한 생각이 들었다.

다시 10일이 지났다. 일단은 그 애한테서 보고 싶다는 연락이 와야 될 것 같아서 기다리고 있었다. 그러면서도 불안했다. 만약에 만나기를 거절하면 얄밉게 가슴앓이 했던 것이 부질없어 질까봐 걱정 아닌 걱정이 되었다.

'괜히 사이트에 올렸나? 그냥 꽃 피었다 지는 봉숭아로 남을 걸 그랬나?' 싶은 생각도 들었다. 하지만 여기까지 왔으니 한 번 봤으면 좋겠다는 생각이 본드를 칠한 것처럼 강하게 달라붙었다.

드디어 연락이 왔다. 삼성의료원으로 찾아갔다. 중간 역할을 한 그 친구와 같이. 그 애는 머리가 하나도 없었다. 얼굴과 손은 엷은 연둣빛처럼 시려왔다. 말없이 웃으며 손을 내민다. 잡는 순간 어렸을 적 외할머니가 내가 자는 얼굴을 만져주던 그 싸늘한 느낌과 같았다. 어린 시절에는, '나이를 많이 먹은 할머니 손은 이렇게 차가운 것이구나.' 생각했다. 어른이 되고 나서 곧 죽음을 앞둔 사람들은 저체온으로 되어서 그런다는 것을 알게 되었다. 그런데 그 애 손이 그랬다. 괜히 눈가가 흔들렸다. 그것을 본 그 애는, "넌 아직도 꼬마구나? 나 많이 미워했니? 아참! 남의 부인이 되었는데 이렇게 반말해도 되나?"

약간의 여유도 보인다. 그리고 잠자리를 잡으려는 소년처럼 조심조심 말을 한다.

"유난히 봉숭아 물 들이기를 좋아했던 너에게 떠난다는 말을 할 수가 없었어. 나는 섬 놈이라 부자가 되고 싶었거든. 그래서 그림 그리는 선배를 따라 유학을 갔지. 거기서 돈 버는 재미에 빠져 감성과 놀 시간이 없었어. 그렇게 엎치락뒤치락 엄청난 스트레스를 받았지. 술도 많이 하고, 마약도 하고, 섬 놈이라는 가격표를 떼고 싶어서 바른 길을 벗어나 살았지. 그런데 이상한 것은 한창 잘 나갈 때는 꼬마 생각이 안 나더라구. 사업이 기울고, 건강이 기울고 나니까 이맘때가 되면 꼭 꼬마 생각이 나는 거야. 그런데 내 자신이 얄미워서 연락을 할 수가 없었어. 그리고 죽음이 나풀나풀거리자 더 꼬마를 볼 수가 없었어. 마침 저 친구가 수필과 인생에서 꼬마를 보았다는 거야. 참 세상은 재미있다는 생각이 들더라. 꼬마는 섬놈의 첫사랑이었어. 그래서 더 잊을 수 없었고, 힘들 때마다 생각이 났던 거고. 꼬마 생각이 날 때마다 내게 첫사랑이란 뭘까 생각해봤어. 그리고 결론이 나왔지. 첫사랑이란 고들빼기김치 같은 게 아닐까? 쌉싸름하면서도 입맛을 돋우어 주는 아리아리한 맛."

그 애는 이 말을 남기고 일주일 후에 섬놈이라는 가격표를 떼고 싶었던 그 곳으로 가 토담아래 봉숭아가 되었다.

가을비 내리는 날에

손희정

가을비가 내린다.

저물어 가는 가을 위로 한여름의 소나기처럼 시원하게 쏟아져 내린다. 어제 공원에 나갔더니 어느새 가을이 저만치로 밀려나고 있었다. 색 바랜 나뭇잎들이 비처럼 쏟아져 내렸고 잎을 다 털어낸 채 앙상한 가지만 남아있는 나무들도 간간이 눈에 띄었다. 키 작은 사철나무와 자동차 지붕 위, 공원 사이사이로 난 오솔길에 수북이 내려앉은 가을이 바람에 몸을 맡기고 떠나갈 준비를 하고 있었다.

서울에 와서 속기공부를 하느라 봄, 여름이 어떻게 지나갔는지도 모르겠는데 벌써 가을이 떠나가다니……. 마치 기차를 타고 창밖을 내다보고 있는 듯 모든 것이 순식간에 지나쳐 간다. 오늘 이 비가 그치고 나면 날씨가 많이 추워진다는데. 이제 겨울이 오려나 보다.

머릿속이 넌지시 복잡해진다. 겨울의 시작은 곧 연말을 뜻하기도 하니까 연초에 세웠던 계획들이 얼마나 지켜졌으며 앞으로 또 어떤 계획을 짜야 할지.

하지만 간만에 내린 가을비에 센티멘털해진 탓일까 오늘은 그냥 마음 가는 대로 즐기기로 했다. 하루 정도는 나를 압박하는 많은 것들로부터 떨어져 있고 싶다는 생각에 공부할 생각은 아예 않고 그동안 사 놓기만 하고 읽지 못했던 책들을 꺼냈다. 같이 기숙하는 룸메이트와 점심을 시켜먹고 디저트로 커피와 비스킷을 먹고 나서 꺼내 놓은 책들을 뒤적이는데 겉표지에 해바라기 사진이 실린 책 한 권이 눈에 들어왔다. 정원 설계에 관한 내용이 담긴 책이었는데 표지 모델로 실린 해바라기가 강렬한 노란 빛을 발산하고 있었다. 마치 내 어린 시절 우리 집 마당에 피어있던 그 해바라기꽃처럼.

그 시절
꽃을 좋아 하셨던 어머니의 부지런한 손놀림 덕분에 우리 집 마당에는 늘 꽃이 지지 않았다. 계절 따라 그 종류가 조금씩 달라졌을 뿐 우리집은 말 그대로 꽃 천지였다.
봉숭아, 채송화를 비롯해서 사루비아, 맨드라미, 석류, 장미, 해바라기……
그 중에서도 해바라기는 내 어린 날의 추억을 함축하고 있는 아이콘이다. 어느 따뜻했던 봄날 어머니는 이제 막 두 장의 떡잎을 밀어올린 작고 가녀린 해바라기 싹들을 마당가에 빙 둘러 심으셨다.

투명하던 봄 햇살이 점점 두터워져 갈 무렵 가냘픈 해바라기들도 점점 튼실해 지더니 어느새 2미터는 족히 돼 보이는 큰 키에 넓은 잎사귀와 굵은 가지가 한데 어우러져 멋진 울타리를 이루었고 탐스럽고 노란 꽃을 피워 올려 온 마당을 환하게 물들였다. 그때부터 우리 집은 "해바라기 집"이란 애칭이 붙었다.

도시 근교의 농촌 마을이었던 우리 동네는 넓은 들판을 배경으로 집들이 드문드문 들어서 있었는데 그해 여름 내내 우리 부모님은 자장면 내지 다른 어떤 것을 주문할 때면 군더더기 말없이 그저 어느 어느 곳까지 와서 해바라기를 찾으면 된다고 말씀하실 정도로 우리 집 해바라기 담장은 멀리서도 잘 보일 만큼 강렬한 노란색을 띠고 있었다.

내 친구가 마치 동화책에 나오는 집 같다며 감탄의 표정을 내 비칠 때면 나도 모르게 어깨가 으쓱해지기도 했고 오빠랑 남동생이 자기 키 보다 훨씬 높은 곳에 피어있는 해바라기꽃을 상대로 발차기를 하며 누구 다리가 더 높이 올라가는지 내기를 하다 미끄러져 마당에 엉덩방아를 쾅당 찧는 모습을 볼 때의 내 마음은 초가을에 맛보는 까만 해바라기 씨의 속살만큼이나 고소했다.

지금은 아니지만 내 바비 인형을 숨기고, 내가 좋아 하는 강아지를 지붕 위에 올려놓고 겁을 주는 등 온갖 짖궂은 장난으로 나를 괴롭혔던 그 두 사람은 그 시절 나의 가장 얄미운 적이었으니까.

꽤 멀리 왔나보다. 그땐 오늘의 내 모습이 상상조차 할 수 없을 만큼 아득한 미래였을 텐데 이젠 어린 날의 내 모습이 그저 아득하게 느껴지는 걸 보니 해바라기는 어쩌면 잃고 싶지 않은 내 어린 날의 기억들을 끌어당기는 한 가닥의 줄인지도 모르겠다. 그래서 누군가 해바라기 한 다발을 내게 불쑥 내민다 해도 계절에 어울리지 않는 꽃이라 타박하지 않을 것이다.

비는 어느새 어둠을 실어 내리고 있다.
소박했던 나의 하루가 이렇게 저물어간다.
어린 날에 내가 그랬듯 지금도 난 10년, 20년 후의 내 모습을 상상하기 어렵다. 하지만 그때처럼 아득한 미래로 느껴지진 않는다. 아마도 지금 내가 꾸는 꿈이 어린 시절의 막연했던 꿈보다는 훨씬 명확하기 때문일 것이리라. 숨 가쁘게 흘러가는 세상에 발맞추면서 한발 한발 나만의 리듬을 만들어가려 한다. 나 그리고 많은 사람들과 함께 나눌 수 있는 아름다운 꿈을 가지고.

허수아비들의 함성

신성남

어린이 여러분.

여러분은 혹시 경복궁에 가본 적이 있나요? 만약 가 보았다면 그 앞에 허수아비들이 나란히 서 있는 모습들은 보았겠지요. 아마 여러분들은 허수아비들이 왜 그곳에 서 있는지 모를 겁니다. 그 이야기를 지금부터 해 드릴게요.

아주 아주 오랜 옛날 아마 단군 할아버지께서 이 땅에 나라를 세우고 다스리다가 하늘로 올라가신 지 얼마 후의 일입니다.

그 해 여름 일찍이 볼 수 없었던 커다란 태풍이 몰려왔습니다. 몇 날을 두고 세찬 바람과 함께 양동이로 퍼붓듯 비가 쏟아져 논과 밭은 물론 사람들이 기르던 가축들마저 모두 떠내려가고 여기저기 크고 작은 산들이 무너졌으며 많은 사람들까지 죽고 다치게 되었습니다.

온 나라가 태풍 때문에 아우성을 치며 어쩔 줄 몰라 했지만 나라를 다스리는 임금님도 같은 인간인지라 워낙 큰 자연의 힘 앞에서는 어쩔 도리가 없었습니다.

이럴 무렵 백두산에서 아래 세상을 굽어보시던 백두산 신령은 깜짝 놀랐습니다. 태풍과 홍수로 수많은 사람들이 어려움을 겪고 있는 게 아닙니까. 게다가 지금까지 이 땅을 잘 지키고 있던 높고 낮은 산들 마저 거의 무너지고 말았으니 백두산 신령은 그만 커다란 시름에 빠지고 말았습니다.

"이 일을 어쩌누? 도대체 한라산 신령은 뭘 하고 있었던 게야? 일찍이 볼 수 없었던 커다란 태풍이 올 테니 조심하라고 그렇게나 타일렀건만 잠만 자고 있었나. 그리고 다른 산신령들은 또 뭘 했기에 하나 둘도 아닌 그렇게나 많은 산들이 무너졌단 말이냐?"

아무리 걱정을 해 보아야 어쩔 수 없는 일 그저 한숨만 나올 뿐이었습니다.

그렇다고 넋 놓고 있을 수만도 없었습니다.

백두산 신령은 품에서 커다란 부채 하나를 꺼내 훨훨 부쳤습니다.

사람들은 소리나 글로 자신의 뜻을 상대방에게 전하지만 산신령들은 바람을 통해 자신의 뜻을 전합니다.

"지금 온 나라가 이지경이니 그냥 있을 수가 없다. 왜 이렇게 됐는지 혹 누가 잘못이라도 하지 않았는지 한번 알아봐야겠다. 이번에 보름날이 뜨는 날 밤 백두산 천지 앞으로 이 땅의 모든 산신령들은 한 명도 빠짐없이 모여라" 하고 명령을 했습니다.

바람을 통해 백두산 신령의 말을 전해들은 모든 산신령들은 "큰일났구나. 큰일났어. 이제 백두산 신령님에게 불려 가면 큰 벌을 받을 텐데." 하고 걱정을 했지만 이미 때는 늦었습니다.

산신령들은 이미 백두산 신령님으로부터 무서운 태풍이 온다는 것을 전해 듣고 자신이 맡은 산을 열심히 지키고 있던 중이었는데 막상 빨리 태풍이 오지 않자 마음이 해이해져서 좀 따분한데다가 마침 강을 지키는 강신령들이 "날씨도 덥고 한데 산신령님네들 우리 함께 바닷가에 모여 잠깐만 놀면서 쉬는 게 어떻겠어요?" 하는 바람에 그래 꼭 하룻밤만 놀다가 와도 괜찮겠지 하고 놀았는데 하필이면 그날 밤 태풍이 온 것입니다.

하는 수 없이 산신령들은 북으로 북으로 올라가 백두산 천지 앞에 모였습니다.

"다들 모였느냐?" 백두산 신령이 좌중을 둘러보자

"예. 다 모였습니다."

말하는 산신령들의 목소리에는 힘이 없었습니다.

백두산 신령은 무겁게 입을 열었습니다.

"지금 이 땅에는 태풍으로 인해 많은 피해를 보고 있소. 지난 봄 내가 이미 말하지 않았소. 올 여름에는 큰 태풍이 올 테니 각별히 조심들 하라고 말이요. 그런데 이게 무슨 꼴들이요. 여러분들은 자신이 맡은 산을 지키고 있다가 큰비나 바람이 오면 그것을 막아서 나무나 짐승들이 피해를 보지 않도록 해야하고 빗물을 잘 품어서 그로 인한 산사태가 생기지 않게 해야함은 물론 산 밑의 사람들을 보호 해야 될 게 아니요?" 하고 다른 산신령들을 나무랐지만 아무도 고개를 들거나 대답하는 산신령이 없습니다.

"참으로 답답합니다. 왜 말들을 안 하는 게요? 입들이 붙었소? 어디 제일 남쪽을 지키는 한라산 신령부터 말해 보시오." 하자 평소 성실하고 책임성이 강한 한라산 신령이 말했습니다.

"예. 저는 백두산 신령님께서 당부 말씀이 있은 뒤로 열심히 제가 맡은 산을 지키고 있었습니다. 그런데 하필이면 그때 제 처인 남해 여왕이 몸이 아파 잠깐 내려갔었는데 태풍이 온다는 것을 알고 빨리 돌아와 산을 지켰습니다만 어차피 저 혼자 힘으로는 막을 수는 없었습니다. 너무 태풍의 힘이 강했기 때문입니다."

"그럼 이번에는 무등산 신령이 말해 보시오" 하며 무등산 신령을 가리켰습니다.

"예 저도 태풍을 막으려 했지만 바람이 너무 강해서……" 하며 말끝을 흐렸습니다.

"그럼 내장산 신령은?"

"팔공산 신령은?"

그렇지만 대답은 마찬가지입니다.

백두산 신령은 더욱 화가 났습니다.

"아무리 강한 태풍이 온다 해도 우리 산신령들이 힘을 합한다면 못 막을 리가 없으며 설령 못 막는다 해도 이렇게 이번처럼 큰 피해를 보지는 않있을 깃이요. 누가 속 시원히 말해 보시오 무슨 일이 있었소?" 하고 고함을 치자 그때까지 잠잠히 앉아 있던 설악산신령이 쭈뼛쭈뼛 하며 기어 들어가는 소리로 말했습니다.

"백두산 신령님 저희들이 잘못했습니다. 용서해 주십시오." 하며 태풍이 오던 날 강신령들과 바닷가에서 놀던 일을 이야기했습니다.

그날 밤 강신령들과 노는 자리에 참석하지 않은 산신령들은 저런 저런 하며 혀를 끌끌 찼습니다.

산신령들의 이야기를 끝까지 듣고 있던 백두산 신령은 커다란 주먹으로 앉아 있던 바위를 탁 치며 노한 목소리로 말했습니다.

"어찌 그런 일이 있을 수가 있소? 제 책임을 다 하지는 못하고 오히려 강신령들과 놀다니? 우리 세계에 아직까지 한 번도 이런 일이 없었소. 그런데 이게 뭐요. 산신령들을 꼬드겨 같이 논 강신령들은 압록강 신령에게 말해 벌을 받도록 하겠지만 그날 밤 강신령들과 함께 놀았던 산신령들도 절대 벌을 면할 수 없소." 하며 천둥치는 목소리로 고함을 쳤습니다.

"태풍이 오던 날밤 강신령들과 놀았던 산신령들을 어떻게 벌을 주면 좋겠소 말들 해 보시오."

그렇지만 아무도 선뜻 말하지 못했습니다 그러자 백두산 신령은 다그쳐 말했습니다 "어서 말해 보시오. 어서요."

한참 시간이 지난 뒤 묘향산 신령이 침묵을 깨며 말했습니다. "기왕 무너진 산이야 우리가 천천히 복구시키면 되지만 문제는 사람들이요. 그들은 매일 음식을 먹고 살아야하기 때문에 하루가 급해요. 더구나 사람들이 애써 농사를 지어 놓으면 새들이 와서 곡식이며 과일들을 마구 먹어버리니 사람들로서는 이중삼중 어려운 일이요. 그래서 말씀인데 이번 태풍 때 자신의 산을 제대로 지키지 못한 산신령들은 오늘부터 더 이상 산에 있지 말고 들로 내려가 사람들과 함께 과일과 곡식을 먹으로 오는 새들을 쫓도록 합시다."

곁에 있던 금강산 신령이 "참, 좋은 생각입니다." 하자 여기저기서 "좋습니다."
"좋습니다."
"그렇게 하도록 합시다."

산신령들의 의논하는 모습을 보고 있던 백두산 신령은 "그게 좋겠소." 하며 강신령들과 함께 놀았던 산신령들을 모두 들로 내보내며 말씀하셨습니다.
"너희들이 들에 나가서 사람들과 함께 열심히 새를 쫓아 농사에 도움을 준다면 후일 오늘의 죄를 용서하겠다. 그리고 오늘부터 너희들을 더 이상 산신령이라 하지 않고 허수아비라 부른다."
이날부터 허수아비가 된 산신령들은 각처로 흩어져 들에 나가 사람들을 도와 곡식을 먹으로 날아오는 새들을 쫓기 시작했습니다
"휘어이 휘어이 후여 후여" 바람이 불 때마다 팔을 흔들며 열심히 새들을 쫓았습니다.
나라에 전쟁이 일어나 남자들은 전장에 나가고 부녀자들만 남게 되었을 때도 그만큼 농사일이 바빠져 허수아비들도 따라서 더욱 열심히 새들을 쫓는 일에 전념했습니다.
그러기를 수백 년 수천 년의 세월이 흘렀습니다.
도시가 발달하면서 젊은 사람들은 힘든 농사일보다는 편한 일거리를 찾아 도시로 나가고 노인들만 남아 농사를 짓게 되자 농사를 짓는 사람들은 더욱 힘이 들었고 그만큼 허수아비들도 고달팠습니다.

그렇지만 어쩝니까. 참는 수밖에. 그래야만 후일 다시 산으로 돌아갈 수 있을 테니까요.

그러던 어느 날입니다.

허수아비들은 농부들의 한탄하는 소리를 들었습니다.

"아이고 우린 이제 다 죽었다 죽어라 농사를 지어 봐야 다른 나라에서 농산물들이 마구마구 들어오니 우리가 애써 지은 농산물들은 값이 비싸다고 사주지를 않으니 우린 다 죽었어."

얼마 후 허수아비들은 농부들이 서울로 서울로 몰려가는 것을 보았습니다.

이때 한 허수아비가 말했습니다.

"농부들이 농사일로 어려움을 겪다가 그것을 항의하러 서울로 몰려가는 모양인데 우리라고 그냥 여기 서서 새들만 쫓고 있을 수는 없잖아."

"그래 맞아 맞아. 이래서는 안 되지."

"그럼. 어떻게 해야 돼?"

"어떡하긴 어떻게 해. 우리도 서울로 가야지"

의논 끝에 허수아비들은 대표자를 뽑아 서울로 떠났습니다

"그런데 서울, 어디로 가지?" 한 허수아비가 말하자 곁에 있던 허수아비가 "가긴 어디로 가. 임금님이 계시는 경복궁으로 가야지."

마침내 허수아비들은 서울 경복궁 앞에 모였습니다.

"임금님, 임금님. 농부들을 살려주십시오. 임금님 임금님 농부들을 살려주십시오."

한 허수아비가 고함치자 다른 허수아비들도 따라서 소리쳤

습니다.

"임금님 임금님 농부들을 살려주십시오."

그런데 이상한 일입니다.

며칠을 두고 고함을 치며 임금님을 만나 뵙기를 청했지만 아무도 나와 보는 이도 없고 주위에는 자신들을 구경하는 듯한 아이들만 모여들었습니다.

바로 그때 허수아비들 옆으로 한 아이가 엄마 손을 잡고 가며 이야기하는 소리를 들었습니다.

"엄마 여기가 어디야?"

"어디긴 어디야 경복궁이지."

"경복궁이 머하는 데야?"

"옛날에 임금님이 계시던 곳이야. 지금은 안 계셔. 그럼 지금은 임금님 대신에 대통령이 나라를 다스리잖아."

"그럼 대통령은 어디 계셔."

"청와대에 계시지."

"청와대는 어디 있어?"

"여기서 좀더 가야 해."

"그럼. 우리도 청와대에 가보자."

"거긴 아무나 들어갈 수가 없어. 그리고 청와대에 들어가려면 주민등록증이 있어야해."

""주민등록증이 뭐야?"

"아, 그건 자기가 며칠날 어디서 태어났고, 지금은 어디서 살고 있다는 증명서야."

이 말을 들은 허수아비 들은 깜짝 놀랐습니다.

"그럼 여태껏 우리가 임금님도 안 계신 곳에 대고 고함을 쳤단 말이야? 그 엄마 말대로라면 청와대로 가서 대통령을 만나야 하는데 그리고 청와대에 들어가려면 주민등록증이라는 게 있어야 하는데 우리는 아무도 그게 없잖아"

"그거 참 큰일이군. 괜한 헛고생만 했군. 그렇다고 이제 와서 그냥 물러갈 수도 없잖아."

이렇게 허수아비들이 허탈해 하고 있는 동안 제일 나이 많은 허수아비가 말했습니다.

"그러지 말고 내가 백두산 신령님에게 가서 우리에게도 주민등록증을 달라고 할 테니 여러분들은 여기서 내가 올 때까지 기다리시오 어떻소?" 하고 말하자 다른 허수아비들도 "그럼 그렇게 합시다." 해서 제일 나이 많은 허수아비가 백두산으로 떠났고 나머지 허수아비들은 오늘도 경복궁 앞에서 하루빨리 나이 많은 허수아비가 주민등록증을 가지고 오기를 기다리고 있는 것입니다.

어린이 여러분 이제 경복궁 앞에 허수아비들이 서 있는 이유를 알겠지요?

한라산 등반길

안학준

　밤잠을 설쳤고 부픈 기분으로 김포공항에서 제주행 비행기에 몸을 실었다. 관광버스로 해변 순환도로를 달렸다. 운전기사의 주변 설명과 가끔 섞여 나오는 제주 사투리가 이색적이다. 기사가 송학산의 전설을 들려준다.

　옛날에 끼가 산길을 걷다가 발이 아파서 신선에게 침을 맞으러 갔다. 신선이 침을 놓으려는 순간 겁이 나서 발을 잡아당겼다. 그 바람에 침이 빗나갔고, 그침은 신령의 엉덩이를 찔렀다. 화가 난 산신령이 고함을 지르며 집어던진 것이 오늘날의 송학산이란다. 그 송학산을 오르고 오른다. 약 세 시간가량 걸렸다. 다음날 이동 중에 빗방울이 떨어졌다. 한라산에 도착해서는 비가 더 세차게 내렸다. 길벗 산악대장 지시대로 각자 우비를 준비하고 비가 멈추기를 기다려 예정 시간보다 조금 늦게 산행을 시작했다. 백록담 상봉을 목표로 길벗 산악회 요원인 도우미와 정답게 이야기를 나누며, 한라산의 향취를 느끼면서 걸음을 재촉했다. 숲 속의 풀과 나무들도 반겨 맞는 듯했다. 오를수록 돌길이 힘들지만 그 힘든 산길을 잘 보이지도 않는 나를 도와가며 함께 하는 도우미에게 고개 숙여 감사의 말을 전했다. 또 쏟아지는 비를 맞으며, 돌과 나무를 벗 삼아 1

차 휴게소를 지나 2차 진달래 휴게소에 도착했다.

　산악 대장의 지시에 따라 정상 백록담 희망자에 한하여 출발시켰다. 앞으로 정상까지 두 시간이 걸린단다. 비를 맞는 정상을 향한 길은 아득하다. 용기를 내자. 백록담이 나를 기다린다. 힘겹게 정상에 올랐다. 보고팠던 백록담은 비구름에 휩싸여 자취를 감추어서 허무감과 한기만이 엄습했다.
　비와 땀에 젖은 몸이라 더욱 추위를 느낀다.
　하늘도 심술궂은 비바람도 미웠다. 언제쯤 다시 올 수 있을까? 백록담의 아름다움을 느끼지도 못 한 채 기념 촬영만 하고 하산하기로 하였다. 나는 장시간 올라온 돌길을 되돌아갈 생각을 하니 가슴이 막막했다. 그래도 시각장애인인 나도 할 수 있다는 긍지를 심었다.

　정상정복 성취감에 가슴이 뿌듯했다.
　발걸음도 가벼운 것 같았다. 빗줄기는 더욱 강해졌다 한참을 내려오니 제법 물웅덩이가 생겼다. 진달래 휴게소에서 산악대장의 상황 판단을 묻는 무전이 왔다. 등산화가 젖어서 발이 무거웠다. 바로 앞에 사람이 주저앉는다. 미끄러진 모양이다. 화산암이라 고석 같아서 잘 미끄러지지 않는데 물이 묻으니 별수 없구나. 얼마 후 쏟아지는 빗줄기를 뚫고 진달래 휴게소에 도착했다. 일행들이 반겨 맞았다. 잠시 휴식을 하고 정상 갈 때 맡겨 놓은 자기 가방 찾아 메고 서둘러 하산을 재촉했다. 후미는 대장이 맡았다.

발이 무겁고 다리가 아파왔다. 비를 맞으며 산행을 하는 것은 생전 처음이다.

쏟아지는 숲속의 빗소리와 계곡에 물소리가 어울려 조화를 이룬다.

드디어 첫 번째 휴게소에 내려왔다.

도우미가 출발부터 속보로 내려간다. 물도 점점 많아져서 발목이 잠기는 곳도 많아졌다. 같이 오던 일행이 쳐지기 시작한다. 나도 다리가 아파온다. 첨벙거리는 발길을 옮겨 놓는다. 문득 어렸을 적 장마에 신을 잃어버리고 어른들께 꾸중 듣던 생각이 떠올라, 신발을 잊어버리지 않으려는 생각에 다리가 더 무거워졌다. 사력을 다해 걸었다. 마지막 몇 미터가 왜 이리 먼지……. 다왔다는 도우미의 말에 나도 모르게 긴 한숨을 토해낸다. 그래, 시각장애인도 할 수 있다. 백록담 정복을 해냈다는 자부심이 지친 몸을 잠시나마 달래주는 듯 했다. 산행이 힘들구나! 체력 보강을 철저히 해야 함도 뼈저리게 실감했다. 제주도 원정산행을 자축하니 공항으로 이동 가까운 식당에서 따뜻한 해장국에 반주 곁들이니 비에 젖은 몸이 풀렸다. 한라산이 소리친다 안녕히 가세요 또 오세요 라고……. 기회가 되면 또 만나자. 제주도여 한라산이여! 안녕.

물고기 자리

이병훈

이동침대가 옆에 다가와 손을 내밀며 재촉하고 있다.
팽팽하게 목젖으로 긴장이 전해오며 좀 더 커지는 눈 안으로 형광등 불빛이 별빛이 되어 들어온다.
하나 둘 별빛을 세어보기 시작할 때 구름처럼 침대가 움직이고, 반짝이던 별빛들이 유성이 되어 흘러가고 있다. 나는 어디로 흘러가는 걸까? 저 유성들을 따라 가면 누구를 만날 수 있을까? 며칠 전 저 유성을 쫓아 길을 재촉한 1번 환자 장씨는 어디쯤 가고 있을까? 좋아하던 남극여행은 끝마쳤을까……
그의 얼굴을 덮어버린 시트 천 조각이 별빛을 막아버려 그는 아직도 길을 잃고 헤매이고 있지는 않을까? 스쳐가는 불빛들의 갯수만큼 상념이 늘어난다.
"그때 끝장을 내버렸어야 하는데……."
마른 침을 삼키는 장씨의 목젖에 굵은 핏줄이 불거지며 그와 동시에 양쪽 눈 밑이 파르르 떨리고 있었다.
소금에 절여진 배추모양 절여져 있던 그가 모처럼 입을 연 것은 구둣발 소리도 요란하게 병실을 찾아왔던 주황색의 아저씨들이 돌아간 뒤의 일이었다.
"내가 그 애를 들쳐 업고 뛰어 나오자마자 집이 와르르 무너졌지. 그 충격으로 크게 넘어졌고, 그 바람에 다리가 부러져

한 달 동안이나 깁스를 하게 됐지요. 그래도 그때는 아픈 줄도 몰랐어요."

침까지 튀겨가며 인명 구조 동작을 열심히 재연해 보이는 그는 그 순간만큼은 용감한 119 대원으로 돌아가 있었다.

"지금 생각 하면 그 위험한 곳을 어떻게 겁도 없이 누비고 다녔는지 신기하기도 하지요. 사명감이 있기는 있었나 봐요."

"사명감도 사명감이지만 천성적으로 용감하고 착하신 거지요."

내가 아부의 말로 장단을 맞추었다.

어깨를 들썩이며 내말에 동조하는 제스처를 보이며 그는 감회에 젖는 표정으로 창밖을 응시했다. 한참 들떠있는 그의 옆 얼굴을 훔쳐보며 기회를 엿보던 나는 슬며시 원하던 질문을 건냈다.

"근데……. 사모님은 낮에는 바쁘신가 봐요. 매일 늦게 오셨다 가시던데요."

힐끗 옆 눈으로 그의 안색을 살피며 말을 이어갔다.

"사모님 오실 때 아저씨는 매일 주무시던데 오신 것 잘 모르시죠?"

들떠있던 그의 모습이 빠르게 식고 있었다.

"아드님이 아주 효자에요."

장씨의 표정이 어두워짐을 눈치 챈 나는 얼른 말을 바꾸어 딴청을 피웠다.

"체격도 좋고 성격도 시원시원한 게 아버님처럼 구조대원 하면 잘할 것 같아요."

휑한 눈으로 건너다보는 그에게서 시선을 돌리며 괜한 손짓으로 안경테를 만지작거리며 내가 중얼거리듯 말했다.
"결국은 내가다 모자라서 그런 거죠."
갈증이 났는지 그는 손가락의 마디가 분간이 안가도록 퉁퉁 부은 왼손을 뒤로 뻗어 물컵을 찾아 더듬거리며 말했다.
3번 환자의 이동수액 걸이의 바퀴 구르는 소리가 병실 문 앞에서 멈추고 있었다. 서둘러 말소리를 낮춘 1번 환자 장씨는 들었던 컵에 입을 대며 돌아앉았다.
빠르게 흐르던 유성이 어느 틈엔가 멈추어 서자 복도 끝으로 정적이 별빛을 그리워하듯 찾아온다. 우주의 끝자락에 다다른 것일까? 유성이 흘러간 자욱을…… 아, 별빛이 위험하게 흔들린다. 별빛이 떨어진 곳에 벌떡이는 혈관이 보이고 그 위쪽에는 걷어 올린 옷자락 위로 도우미 남자가 조급한 듯 시간을 재촉하고 있다. 스르르 우주의 끝이 열리고 새로운 별빛 속으로 나는 들어간다.
"수술 잘 받고 오세요."
침대시트를 다시 한 번 추슬러 올려주면서 체면치례용 인사를 남기며 간호사가 사라진다. 엘리베이터의 문이 닫히고 우주선 같이 두둥실 떠있는 몸이 가라앉는다. 별빛은 더 이상 흐르지 않는다. 빤한 얼굴을 들어 나를 내려 본다. 그 별빛을 무심히 헤아리기 시작할 때 엘리베이터의 문이 열리자 우주선은 비행을 맞추고 또 다른 별빛을 향해 걸어간다.
1호 환자의 부인은 별빛으로 나타났다. 이글대던 태양이 거대한 몸을 기우뚱거리며 숲속으로 흔적을 지우고 사라질 때 그녀의 별빛은 어둠속에서 내려왔다. 색깔 물든 호롱불처럼 병실의 취침등이 파동을 일으킬 때 별빛은 발자욱을 지우며 낙하했다.

"아까 잠드셨는데요."

멀뚱멀뚱 창밖의 어둠을 헤이고 있던 내가 귓속말처럼 말했다. 대답대신 그녀는 침대 밑에 잠을 자듯 누워있던 보조침대를 슬쩍 끄집어냈다.

"몸은 좀 어떻든가요?"

보조침대에 무릎을 숙이며 그녀가 말했다. 환자용 침대보다 한참 높이가 낮은 보조침대에 무릎을 대고 앉은 그녀의 모습이 시골교회의 낡은 벽에 걸려있던 기도하는 소녀의 모습으로 투영 되고 있었다. 사이사이 손가락을 얽어 단단하게 감싸 쥔 그녀의 어깨가 흔들리고있었다.

"그저 그만그만하신 것 같든 데요."

내 말을 들었는지 못 들었는지 분간할 수 없는 몸짓으로 그녀는 기도하고 있었다.

병실 천장의 취침 등불 빛과 창밖의 별빛이 뒤섞여 무지개색의 영롱한 광선이 내 침대 앞에까지 묻어나고 있있다. 지쳐 쓰러지는 호롱 불빛이 깜박거리며 아침을 재촉할 때까지 별빛은 1호 환자의 곁을 맴돌았다.

침대 바퀴가 두어 번 덜컹 거리더니 수술실의 소독약 내음이 다가온다. 누군가가 무엇인가 손에 쥐고 내 눈앞에 들이댄다.

"불빛 안보여요?"

만년필처럼 생긴 전등인 듯하다. 아무것도 보이질 않는다. 암흑 속에서 나는 허우적대고 있다.

1번 환자의 얼굴색은 밤처럼 어두워왔다. 환자복과 침대시트로 감추어져 있는 그의 몸통은 헬륨가스를 가득 먹은 풍선처럼 부풀어있었다. 어릴 적 동네어른이 배가 불러 죽는 병을 앓고 있었다. 간이 나빠 배에 복수가 차오르는 그를 사람들은 배불러 죽는 병에 걸렸다고 했다. 옆구리에 우산대만한 주사바늘을 꼽고 복수를 한웅큼 뽑아내던 날 장씨는 가슴을 열어 보였다.
　"그때 내가 그 어린애의 엄마를 구한 후에 무리하게 아이까지 구하느라 다리가 부러졌지. 한 달 정도 입원 했었는데……. 아직까지 누군지 말을 안 해요. 그놈이 다치는 것이 나보다도 더 겁나는 것 같더라구요."
　수액의 떨어지는 속도가 마음에 안 들었는지 조절용 단추를 느슨하게 풀면서 그는 치아사이로 쉿소리를 내며 적의를 드러냈다.
　"설마요?"
　궁금중이 반쯤 해결된 만족감을 내보이며 나는 그의 입술이 또다시 움직이기를 기다렸다.
　"처음에는 내가 입원했던 경찰병원에서 근무하는 놈인 줄 알았거든요. 고등학교 동창이라나 뭐라나……. 하여튼 대질까지 했는데 그놈은 아니더라구요."
　"누군지도 모르는데 어떻게 나쁜 일이 있었다고 믿으세요? 아닐 수도 있잖아요."
　나는 별빛 속에 움직이던 그의 부인을 떠올리며 변호사처럼 그의 말끝에 부정적 의견을 실어 되돌려주었다. 잠시 머뭇거리던 장씨가 단호한 음성을 내보였다.
"증거가 있다니까요. 인터넷으로 수작을 하고 있는 걸 내 두 눈으로 확실히 봤다니까요."

말문이 막힌 나는 놀란 눈으로 그를 올려봤다. 그의 팔을 관통하는 수액의 흐름이 위험하게 빨리 떨어지고 있었다.

가느다란 팔목에 가볍게 힘이 가해지면서 이동 침대가 수술대 쪽으로 움직인다.

기록지를 넘기며 내 상태를 확인한다.

"우안 유리체 2번째 재출혈이에요. 당뇨있구요. 시력은 0.03 남았구요. 황반변성도 보입니다. 아참 이환자 마취가 잘 안 돼요. 2밀리 더 씁시다. ok."

수술실 천장에서 별빛이 내린다. 수성인가? 금성인가? 아니 몇 개 더 있다. 별빛은 하나로 모아져 내 눈 위로 쏟아진다. 눈꺼풀을 스치고 각막을 통과하여 유리체를 절개하여 망막 깊은 곳에 도착한다. 1번 환자의 망막에는 그의 아내가 어떻게 맺혔을까? 보지 말았어야 할 것에 대한 후회로 절망하며 얼마나 지우려 했을까?

망막에 각인된 빛들은 시세포를 자극하고 가느다란 시신경을 통과하여 피질 속을 헤매이다 퇴적물처럼 기억 속에 쌓여진다. 그것들은 거머리 같은 끈적거림과 질김으로 끊임없이 다시 돌아오곤 한다. 어둠이 찾아오는 밤이 오면 그 기억의 필름 들은 춤을 춘다. 너풀너풀 춤을 춘다. 장씨가 어둠의 여행 속에서 그 필름들을 지우려 서성이고 있다.

아내가 식탁의자에 발을 얹고 꾸부정한 자세로 눈을 올렸다 내렸다 하면서 뜨개질을 하고 있다. 가늘고 긴 대바늘이 열십자로 교차하고 발밑에 털실 뭉치가 데구르르 구르며 부피를 줄여가고 있다. 손 뼘으로 대충 길이를 재어보면서 내 어깨를 힐끗거리며 바라보고 있다.

"귀찮게 뭐 하러 그런 거 짜고 있나?"

안경알을 헝겊으로 문지르며 내가 핀잔을 건넸다.

"사는 것 보다 훨씬 따뜻하다니까요."

바늘코를 잘못 세었는지 몇 바퀴 다시 풀며 아내가 자신의 주장을 내세웠다.

"두툼해서 입기만 불편하지 별로 일 것 같은데. 구멍도 숭숭 나있어서 바람이 잘 들어올 것 같구만."

입김을 후하고 불어 안경알에 습기를 일으켜 주면서 말을 이어갔다.

"따뜻하다니까요. 사는 거는 기계로 대충 찍어내는 거잖아요. 이렇게 정성들여 한 코씩 짜면 사랑의 힘으로 후끈후끈 하다니까요."

입김을 닦아낸 안경알을 돋보기처럼 엄지와 집게손가락으로 잡고 아내 쪽에 대고 눈을 대며 시야를 확인 해보고 있었다. 흐려진 아내얼굴이 뭐라 중얼거렸다.

"눈이 많이 나빠졌나 보죠."

아내가 집에서 멀어지기 시작한 것이 그 무렵이었으며 아내의 손에는 더 이상 뜨개질 바늘이 들려있지 않았다.

"마취합니다. 조금아파요."

기다란 바늘의 감촉이 광대뼈 위의 눈 밑에 닿는다. 따끔한 느낌에 이어 묵직한 통증이 길게 지속된다. 서늘한 수술실의 공기가 펄럭 걸리더니 얼굴에 가면같이 천 조각이 덥힌다.

누군가 손가락으로 꾹꾹 누르고 있다. 훅 하고 숨이 막혀온다. 천 조각이 코를 막은 모양이다. 아래 입술을 내밀어 후 하고 입김을 불자 천 조각이 조금 들썩 거린다.

"움직이지 마세요."

마스크 속에서 낮은 파열음이 울리고 나는 움직임을 포기한다.

한동안 움직이지 않던 장씨의 입술에서 탄식 같은 욕설이 튀어나왔다.

"그 연놈들이 만날 장소를 정하고 있더라구요. 몰래 미행해서 꼬리를 잡을까하다가 급한 마음에 난리를 쳤더니 결국 불더라구요. 말로는 딱 한번 그랬다는데 그걸 믿는 바보가 어디 있겠어요."

수액줄을 거꾸로 들어보며 그가 말을 이어갔다.

"육 개월 정도 됐다던데 계산 해보니까 내가 병원에 있던 때더라구요. 남편은 지들 먹여 살리려고 불구덩이를 뛰어다니다 다서 가지구 병원에 누워있는데 그런 짓을 할 수 있어요?"

할 말을 몰라 빤히 건네 보는 그의 눈 속에서 축축한 습기가 피어오르고 있었다.

"지난일이잖아요. 실수였겠지요."

이렇게 말하고 그의 눈치를 살폈다.

"하긴 일부러 그런 것은 아니라고는 하더구만……. 그게 그거지 뭐 안 그런가요?"

긍정을 원하는지 부정의 대답을 원하는지 알 수 없는 말투로 그가 말했다.
"잘 대해주세요. 밤마다 열심히 기도하시던데……."
그 역시 내말에 가부를 표시하지 않았다.
왼쪽과 오른쪽 눈을 살리기 위한 수술은 네 번인가 다섯 번인가를 꼽을 정도였다.
밤 운전이 서툴러지고 책장 넘기는 속도가 더디어 질 무렵 집으로 돌아오던 차안에서 그놈이 출현했다. 갑자기 시야에 나타난 검은 물체는 흡사 물고기처럼 내 눈동자 속을 헤엄치듯 유영하고 있었다. 검은 먹물 같은 그놈은 순식간에 유리체를 절개 시키고 망막의 필름들을 파먹고 있었다. 그놈을 잡기 위해 내 눈 속은 수없이 해부 되었다. 사시미 칼날로 파닥 거리는 물고기의 등지느러미 부위를 접시 바닥이 보이도록 엷게 포를 뜨는 것 같은 아픔을 잠재우기 위해 내 눈 주위에 삽입되는 마취액의 양은 위험 할 정도를 넘고 있었다.
"수술하면 볼 수 있나요?"
"글쎄요? 워낙 예후가 안 좋은 병이라서……. 오른쪽 시력도 위험해요. 아마도 오래 지탱하지 못 할 거예요."
아내의 희망을 무너트리며 의사가 말했다. 입술을 말아 깨무는 아내의 얼굴은 아픔으로 물들고 있었다. 그런 아내의 입술은 검은 물고기가 오른쪽어항의 물까지 먹어치우기 시작 할 무렵에는 거의 열리지 않았다. 그 깨물어진 입술의 아픔을 없애기 위해서는 더 많은 마취액이 필요할 것 같았다. 마취액의 몽롱한 느낌으로 아내의 귀가길이 흔들리고 있었다.

내 얼굴에 부어지는 마취액이 늘어감에 따라 아내의 목젖으로는 더 많은 알코올이 부어지고 있었다.

오른쪽 눈 위에 조그만 모래주머니 같은 것이 올려진다. 오재미주머니인가 운동회 날에 거대한 함지박을 터트리던 광경이 펼쳐진다. 아이들이 구름같이 몰려들어 조그만 주머니를 커다란 그것에 공격을 가하고 결국 두 쪽으로 터지면서 오색의 색종이가 하늘에 날린다.

갑자기 눈동자에 터질 듯한 고통이 몰려온다. 누군가 그 주머니를 꾹꾹 누르며 주무르고 있다. 마취가 잘 안 되는 나를 위한 새로운 방법인가보다. 마치 무엇인가에 눈동자 속을 물어뜯기는 것처럼 고통이 몰려온다. 참을 수 없는 아픔 속에 시트속의 양손에 힘이 들어간다. 주먹을 꼭 쥐고 빙빙 돌린 다음 그놈의 면상에 한방 먹이는 상상을 한다.

머리 위에 매달려 있던 별빛이 박살나서 산산이 부서진다. 오재미 주머니가 사라진 눈가에 잠시 평화가 온다. 조용하던 눈 위에 차가운 감촉이 일어난다. 소독을 위한 액체가 부어진다.

눈 안의 배수 구멍으로는 감당할 수 없는 그 양으로 인헤 볼을 타고 턱을 지나 수술대 바닥으로 떨어진다. 그 액체는 별빛을 따라 밤 같은 어둠속에 가물거리는 1번 환자의 눈 속으로 스며든다. 1번 환자의 눈 속에 고여 있던 습기가 어느 사이 샘을 이루고 쿨럭쿨럭 흘러나온다. 액체를 주먹으로 훔치는 그의 눈앞에 거대한 불기둥이 넘실거린다. 팔뚝보다 굵은 소방호스를 두 팔 가득 감싸 안은 그가 혼신의 힘으로 진화용 액체를 발사한다. 용광로의 열기 같은 불길 앞에 온몸이 벌겋게 익어가는 고통을 이겨내며 소화액을 뿌려대는 그의 눈앞에 낯설은 육신의 더러운 액체를 받아들이는 부인의 얼굴이 넘실거리고 있다. 그가 눈을 감는다. 그의 조각난 가슴을 이어 붙이기 위해서는 일시적 육체의 아픔을 잊기 위하여 지금 내 눈 속에 퍼붓고 있는 마취액 보다 몇 십 배 강력한 진통제가 필요할 것 같은 생각이 든다.
"눈 크게 뜨고 깜빡이지 마세요."
누군가 소리친다. 잔뜩 힘을 주어 부릅떠진 눈꺼풀을 집게 같은 것이 헤집고 들어온다. 둥그런 모양으로 삼백 육십도 눈 주위의 거죽을 밀어내고 눈동자의 공간을 확보한다. 뻑뻑해진 눈 속이 체한 것처럼 불편하다. 겨우 한쪽 눈에 들어온 이물질로도 이렇듯 거슬리는데 가슴속에 굵은 티끌이 박힌 그는 얼마나 고통에 시달리고 있었을까?
그의 마음속에 박혀있을 고통의 집게 같은 티끌을 뽑아주고 싶다.
현미경 안경을 뒤집어쓴 손들이 다가온다. 몽롱해진 눈동자는 제 살갗이 잘리는 줄 아는지 흔들리고 있다. 아직 마취가 덜 된 것인가? 겨우 몇 밀리의 작은 길이로만 절개한다고 했는데 웬일인지 눈동자가 열십자로 그어지고 네 군데로 젖혀지는 것 같이 아픔이 몰려온다. 젖혀진 가죽위에 핀이 꼽힌다. 벌어진 살갗들이 마치 어린 시절 경험했던 물고기의 해부된 모습처럼 적나라한 느낌이다. 부레와 허파 간 그리고 창자까지 모두 끄집어내어진 그놈은 눈빛까지 잃어버려 죽은 듯 누워있다가도 자신을 담아주는 시냇물만 있으면 마치 꿈속을 유영하는 모습으로 헤엄쳐 가곤했다. 흐느적흐느적 상실된 기억을 더듬으며 흡사 살아있는 것처럼 수풀 속으로 사라지곤 했다.
 아내는 밤을 안고 들어왔다. 지쳐 쓰러진 어둠을 문 밖에다 팽개치고 물 밖으로 튕겨 나온 물고기처럼 퍼덕거리다 잠들었다.
 "좀 일찍 들어오지 그래. 술 좀 적게 먹으면 안 되나?"
 그녀는 대답이 없었다. 말을 잃은 물고기처럼 지느러미만 움직거리고 있었다. 내 눈 속의 물고기가 왼쪽을 먹어치우고 오른쪽으로 건너 오던 날 그녀는 밤새 화장실에서 오물을 토해냈다. 괴로워하는 그녀의 고통을 덜어주기 위해 그녀의 등을 두드려 주었을 때 울음 같은 비명을 지르며 커다란 토사물을 쏟아냈다. 마치 그녀의 몸속에서 모든 장기가 흘러나오는 것 같았다. 일순 그녀는 해부된 물고기로 변하여 헤엄치고 있었다. 나는 시냇물이 되고 싶었다.
 "아저씨는 병 나으면 어디를 제일가보고 싶으세요?"
 "남극요."
 주저 없이 그가 말했다.
 "추운네 거길 뭐 하러 가시게요?"
 짧은 생각으로 내가 받아쳤다. 오랜만에 그의 입가에서 미소가 번지며 손으로 호스의 물을 뿌리는 시늉을 했다.
 "이거 매일 해봐요. 무슨 생각이 나겠나?"
 미처 그의 입장을 생각하지 못했던 나의 입에서는 탄성이 흘러나왔다.
 "그렇군요. 매일 불속에서 사시니까 몸을 꽁꽁 얼려 보고 싶으시겠네요."

장씨의 눈길은 남극의 한가운데를 가로지르고 있었다.
 장씨의 부인은 여전히 별빛을 머리에 이고 들어왔다. 장씨의 몸 상태를 나에게 물어보는 것 이외에 어떠한 행동도 하지 않고 오로지 밤새 잠든 남편을 내려 보며 기도하고 있었다.
 미동도 없는 그녀는 얼음 속에 갇혀 꼼짝을 못하는 한 마리 물고기 같았다. 그녀의 몸 속에서 나온 내용물들이 찢어진 복부사이로 널 부러져있었다. 남극의 거대한 얼음덩어리 위를 장씨가 걸어 가고 있다. 그의 발밑에 얼어있는 물고기가 보인다. 내장이 모두 제거된 그것은 앙상한 몸통을 드러내 놓고 죽은 듯 정지되어있다.
 "아프면 참지 말고 말하세요. 심하게 아프면 단추 누르세요."
 마취액이 자동으로 투여되는 스위치를 왼손에 쥐어주면서 의사가 말한다. 그러나 나는 여지껏 한 번도 그걸 사용한 적이 없었다. 아파도 조금 참아버리면 되었고, 그보다는 몸에도 별로 이로울 것 같지 않은 마취액을 필요이상 받아들이고 싶지 않아 어금니를 깨물고 고통을 감수하곤 하였다. 아내도 나처럼 고통을 견디는 걸까? 헤어날 수 없는 고통으로 인하여 그녀는 의지력을 잃어버리고 마취액이 투여되는 버튼을 쉼 없이 누르고 있는 것은 아닐까?
 윙 하는 기계음 속에 라디오에서 흐르던 음악 소리가 묻히고 뜨개질의 바늘이 눈 속에서 움직이는 듯한 통증이 몰려온다. 아내가 던져놓은 털실 뜨개질실 뭉치에는 대각선으로 기다란 바늘이 꼽혀있었다. 털실 뭉치를 관통한 바늘이 주는 아픔처럼 지금 눈 속에 아픔이 춤을 추고 있다. 불현듯 찾아와

내 왼쪽 창을 먹어치우고 다시 오른쪽을 삼켜버린 그놈은 지금 우리 집의 거실과 안방 그리고 천정까지 먹어치우고 있는 것이다. 뜨개질은 계속되고 아픔은 빗줄기처럼 창을 두드리고 있다. 나는 고통을 벗어나기 위해 빗줄기 속을 거슬러 올라간다. 빗줄기는 물길을 이루고 다시 좁다란 시냇물이 되어 흐른다. 그 시냇물 길을 따라 그 검고 음습한 물고기는 내보내고 텅 비어 내장을 잃은 슬픔으로 해부된 물고기를 되살리고 싶다. 잃어버린 눈동자로 부레를 만들어 흔들리는 물고기의 중심을 잡아 주고 싶다. 두 번째 배의 복수를 빼내던 날 장씨는 나에게 먼저 말을 걸어왔다.

"근데 아저씨는 부인이 왜 잘 안 보이세요?"

우리 둘이 서로를 이해해주는 중요한 비밀이었던 금기사항을 이번엔 그가 나에게 공격적으로 물어왔다.

"아. 예. 그냥." 머뭇거리다 내지르듯이 말했다.

"돈버느라구 바뻐요. 병원비가 무척 비싸잖아요."

장씨의 입술이 우물거렸다.

"그래도 저녁이나 휴일에는 올 수 있지 않나요?"

이 말을 하고 싶어 하는 눈치였다.

"제가 오지 말라고 했어요. 특별히 아픈 데는 없으니까 신경 쓰지 말구 직장 생활 잘하라구요."

"여자가 혼자 벌어서 병원비하고 생활하기가 쉽지 않을 텐데 부인이 참 대단하시군요."

"그렇긴 해요."

장씨의 칭찬에 나는 마음속과는 다른 대답을 한다.

"직장이 좋은 곳인가 봐요."
"예. 그냥 다닐 만한 곳이에요."
아내의 직장은 노래방이었고 그녀는 도우미였다. 처음에는 보험회사였고 그 다음 유흥음식점을 거쳐 내가 3번째 입원하던 때부터는 결국 그곳으로 진출하였다. 탬버린 소리가 핑퐁처럼 튀어 오르는 담배 연기 자욱한 구석방에서 아내가 해부되고 있다.

간이 나오고 쓸개도 심장도 허파까지 끌려 나온다. 사람들이 텅 빈 그녀의 뱃속에 쓰레기 같은 지폐 뭉치를 잔뜩 처박고 물속에 놓아준다. 물길을 따라 그녀가 헤엄친다. 연못을 지나고 저수지도 건너 폭포수까지 넘어 병원 입구에 도달한다.

장씨의 배는 주체 할 수없이 불러왔다. 그는 이제 더 이상 나와 대화를 주고 받을 수 없는 지경까지 상태가 악화 되었다. 움푹 들어간 눈과 툭 불거진 광대뼈 그리고 어둠을 닮아가는 피부 색깔 등은 그에 종착역이 거의 다다랐음을 암시하기 시작하였다.

어느 날부터인가 밤이 아닌 낮에 그의 부인이 찾아오기 시작하였다. 그의 아들에 간곡한 부탁 덕분이었기는 하지만 이제 장씨는 그녀를 미워할 기력조차 남아 있지 않았던 것이었다.

어둠 속에 물러서있던 그녀가 환한 태양이 빛나는 한낮에 병실로 걸어 들어왔다.

백일 기도를 끝낸 성직자의 담담한 모습으로 그녀가 적극적으로 남편 곁을 지키고 있었다.

"그동안 잘 보살펴주셔서 감사해요. 아저씨도 편찮으신데 이렇게 매일 돌보아 주셔서 뭐라 말해야 할지 모르겠네요."
 나는 계면쩍게 뒷 머리를 긁적였다. 사실 식사 몇 번 수발해 준 것 밖에는 딱히 한 일이 없는 나에게는 그런 감사의 말이 어울리지는 않았다.
 "아니에요. 아저씨가 오히려 저한테 잘해주셔서 제가 고맙죠. 그나저나 빨리 좀 나아지셔야 되는데……."
 그날 이후 나의 대화 상대자는 그 부인이 되었고 장씨는 알아 듣는지 모르는지 쑥 들어간 눈으로 별빛만 쫓고 있었다. 아마도 그는 남극 하늘에 걸려서 오묘한 빛을 발하고 있는 이름 없는 별빛의 아름다움을 감상하고 있는 것인지도 모를 일이었다.
 각막 끝을 찌르는 감촉이 따끔거려온다. 예리한 바늘 끝에는 낚싯줄 같은 실이 꿰어져 있을 것이다. 한땀 한땀 이불호청이 꿰매어 지듯이 절개됐던 눈동자가 꿰매지고 있다.
 길쭉한 자욱을 남기긴 하겠지만 이제 해부된 끔찍함에서는 벗어날 수 있다.
 장씨 부인의 상처는 제법 나아가는 중 인듯하였다. 하루 종일 나직한 목소리로 두런두런 이야기를 했다. 물론 장씨는 대답을 하지 않았다. 아니 혹시 무언의 대화를 그들이 나누고 있었을지 모를 일이다.
 "우리 아저씨가 제 욕 많이 하셨죠? 제가 죽어야 되는데 그러질 못하고 있습니다."
 "그런 말씀마세요. 사람 목숨보다 중요한 게 뭐 있겠어요."
 그녀의 급작스럽고 직접적인 말에 나는 얼른 수습성 발언을 했다.

"아시는 대로 제가 몹쓸 짓을 했어요."
그녀의 입에서는 바람소리 같은 신음 소리가 들려왔다.
"누구나 실수는 할 수 있잖아요. 이제 잊어버리세요."
주제 넘은 참견의 말을 내가 주절거렸다. 한동안 말이 없던 그녀는 새로운 사실을 들려주었다.
"진작에 그 사람을 혼내줘야 했는데 그게 어렵더라구요. 그 사람은 우리아저씨 직장의 직속 상관이었어요. 다리도 다치고 몸도 힘들어하는 것 같아서 좀 편한 관리직으로 전보를 부탁하려고 몇 번 찾아갔다가 그만……."
꿀꺽 침을 삼키는 소리가 너무 크게 들려서 나는 얼굴이 달아오르고 있었다.
"저는 술을 한 번도 먹어본 일이 없었는데 그 사람이 하도 권해서 어쩔 수 없이 먹게 됐어요. 그리구는 기억이 나질 않아요. 그 사람은 그걸 이용하여 자꾸 만나자고 협박 메일 같은 걸 보내곤 했어요. 그 뒤론 물론 절대 안 만났어요. 그이에게 말하면 직장에 소문나고 그러면 그렇게 자랑스러워하는 곳에 다닐 수가 없을 거라서……. 이제 저이가 다시는 소방대원으로 돌아가지 못하게 되는걸 보고 많이 후회를 하고 있어요. 그때 용기를 내서 사실을 밝혔으면 저 사람이 이지경이 안 됐을 수도 있었을 것 같아요."
"……."
나는 장씨의 얼굴을 보려했으나 내 시선이가는 곳에 그녀가 앉아 있어 장씨의 모습을 잘 볼 수는 없었다. 천천히 떨어지던 수액만큼이나 그도 그 순간에는 편안했다고 믿고 있다.

내가 수술 받으러오기 이틀 전에 장씨는 결국 남극으로 여행을 떠났다.

그곳에서 그는 대낮같이 밝은 백야의 밤을 맞이할 것이다. 그리곤 얼음 밑에 갇혀 있는 물고기를 꺼내 뱃속을 꿰매주고 깨끗하고 광활한 그곳에 그것을 놓아줄지도 모르겠다.

장씨가 주황색 소방대원 복장으로 웃고 있다. 그의 양팔에는 팔딱이는 소방호스가 감겨 있고 양손으로 틀어잡은 그가 하늘로 분수처럼 물을 뿌리고 있다. 얼음 위에 누워 있던 물고기가 일어서고 물줄기를 따라 하늘로 유영해 가고 있다. 등지느러미가 펴지고 꼬리를 힘차게 흔드는 물고기의 배속엔 어느덧 꿰맨 자욱이 선홍색으로 아물어 가고 있다.

소독액이 다시 눈 위에 부어지고 몇 시간 동안 자유를 억압하던 천 조각이 얼굴에서 들어 올려 진다.

"휴." 하고 긴 숨을 내쉬는 머리위에서 수술용 도구들을 정리하는 소리가 경쾌하다.

"수고하셨습니다."

서보에게 말을 건네는 의료진들의 발자욱이 빨라진다. 아마도 의사들은 시원한 맥줏집으로 발길을 향하고 간호사들은 못다한 수다를 늘어놓기 위해 자신들만의 휴식처로 갈 것이다.

'나는 어디로 가야되는 걸까? 내 자리는 어디일까? 내 눈 속 가득히 자신의 내용물을 쏟아버리고 부초가 되어 떠도는 아내는 어디쯤 가고 있을까? 그녀가 떠나버린 빈 어항 속을 언제쯤 정갈한 물로 채워줄 수 있을까? 아내는 언제쯤 잃어버린 내용물을 찾아서 베란다위의 어항 속으로 돌아올까?'

이동식 침대의 덜커덩거리는 소리가 가까워 온다. 우주선을 타고 별들이 지나왔던 자리를 쏜살같이 돌아 가고 있다. 링겔병들이 다시 춤을 추기 시작하고 레일처럼 스쳐가는 별빛사이를 헤매이다 유성처럼 반짝이는 한줄기 빛을 발견한다. 그 빛은 주인이 사라진 1번 침대 위에서 시작된다. 나는 그 빛을 주어들고 여행을 준비한다.

별빛을 타고 병실을 빠져나온 나는 지느러미를 퍼덕이며 물길을 찾는다. 사라진 내장들로 눈빛마저 잃어버린 채 도랑을 건너고 개울을 헤엄친다. 강으로 흘러온 나는 바다어귀에서 너풀너풀 춤추는 한 마리 물고기를 만난다. 껍데기만 남아 이리저리 흘러 다니는 또 한 마리의 물고기이다. 그 물고기의 눈에서는 한줄기 눈물이 떨어지고, 그 방울들이 모여 바닷물 속에서 좁다란 시냇물이 되어 내 쪽으로 흐르고 있다. 나는 더듬거리며 촉수 같은 눈빛으로 그 물길을 찾아 간다.

가을이 오면

이현정

　바람이 차게 느껴지는 이맘때가 되면 우리 집 창문 아래로 찾아 오는 손님들이 있다.
　그들은 계절 감각이 무딘 나에게 무성하던 여름이 가고 가을이 찾아왔음을 알려주는 전령사들이다.
　우리 집은 내가 시력이 나빠져 엘리베이터를 타기가 불편해지자 고층에서 걸어 다닐 수 있는 2층으로 이사를 왔다. 저층이다 보니 창문을 조금 열어두면 바깥이야기가 마치 옆에서 들려주는 것처럼 정확하게 들린다. 더군다나 작은 방 창문 아래 놓인 벤치 덕분에 하루 종일이면 아주 다양한 사람들의 이야기를 들을 수 있다.
　오전에는 젊은 엄마들이 삼삼오오 모여서 아이들을 유치원 차에 태워 보내고는 잠시 서서 아이들 자랑을 늘어놓거나 쇼핑 약속을 정하고 돌아가면 늦은 식사를 마치고 어린 손자들 손을 잡고 할머니들이 모여든다. 며느리 흉에서부터 젊은 시절 이야기까지 입담 좋은 할머니의 말을 듣다 보면 그 집 가정사까지 훤히 알게 된다. 내가 시각장애인이 아니었다면 길가다 우연히 마주치면 무심결에 집안일을 참견할지도 모를 일이다.
　지루한 여름에는 볼 수 없는 풍경이다. 그 중에서도 내가 제일 기다리는 손님은 아파트 단지 옆에 있는 여학교의 학생들

이다

할머니 할아버지들이 길어진 그림자 따라 하나둘 자리를 뜨시면 학교를 마치고 집으로 돌아가는 여학생들이 잠시 모여 특유의 경쾌한 목소리로 이야기를 나누곤 한다.

바깥 출입이 자유롭지 않고 또래의 딸아이를 가진 나에게 그녀들의 수다는 딸아이를 이해하게 해주고 내 눈 높이를 딸아이에게 맞출 수 있는 가교 역할을 해주기 때문이다. 수다를 듣다가 재미있는 유머나 주제를 기억해서 딸아이에게 써 먹기도 한다. 그리고 그녀들의 목소리는 지루한 일상에 청량제 같은 역할을 해준다.

자판을 두드리던 손가락을 멈추고 약간은 격양된 목소리에 집중을 하다보면 웃음도 지어지고 눈 앞에 찰랑이던 단발머리와 노오란 은행잎이 융단처럼 깔려있던 학교, 길 그 속에서 아무에게도 밟히지 않은 은행잎을 찾아 두리번거리던 나의 학창 시절이 오버랩 되곤 한다.

내가 다니던 학교는 서울 효자동에 위치하고 있었다.

고종의 세 번째 부인인 엄순원 귀비가 지은 학교로 보기 드물게 작고 예쁜 학교였다.

청와대 바로 옆이라 보수 공사를 할 때 고도 제한을 받아 이층으로 지어진 하얀 본관과 대각선 길이가 백 미터가 안 되었던 아주 작은 운동장, 가을이면 매년 하던 운동회에서 우리 학교에만 있던 벌점이 생각나 난 혼자 빙그레 웃음을 짓는다.

내가 다니던 학교는 청와대에서 한 오백 미터쯤 떨어져 있었던 것 같다. 그래서 우리 학교에서 제일 높은 곳에 위치한

도서실에서는 인왕산을 배경으로 청와대의 전경이 훤히 내다보였었다.

　가을 햇살이 창문 가득 들어와 다락방을 연상시키던 도서실의 창문에는 빨간 글씨로 접근금지, 사진촬영금지라는 문구가 붙어 있어서 어린마음에 청와대 쪽은 마음 놓고 바라다보지도 못한 기억이 난다. 가을운동회 때면 신들린 듯이 응원하는 아이들 사이에서 담임 선생님은 진정하라는 수신호를 보내지만 우리는 아랑곳하지 않았었다. 그러면 선생님들은 메가폰을 잡고는 중간 중간 청와대에서 전화가 왔으니 조용히 해달라는 공지를 전하곤 하셨었다. 그러나 푸른 가을 하늘과 유리알 같은 햇살 아래 사춘기 소녀들에게 청와대가 무슨 소용이란 말인가. 그리고 마땅히 소리 한번 질러볼 장소하나 없었던 터라 그때의 우리들은 풀어 놓은 망아지 같았다. 학교가 작으니 학생 수도 얼마 되지 않았건만 모두가 한 덩어리가 되어 게임의 승패에 따라 미친 듯이 소리를 질렀었다. 마침내 교장 선생님이 나서서 응원을 너무 심하게 하는 팀에게 벌점을 주기로 결정하고 학생들의 맥을 빼던 기억이 난다.

　이런 학교가 또 있을까. 그때는 억울하고 분통이 터져서 저 여학생들처럼 학교 길을 오가며 불만을 털어 놓으며 핏대를 올렸었는데 지금은 유난히도 노랗던 은행잎과 더불어 그리운 추억이 되었다.

　창문 아래서 내가 듣는지도 모르고 열변을 토하는 저 소녀들도 나뭇잎을 주워 보았을까?

　고맙게도 그 많은 벤치를 마다하고 우리 집 창문을 찾는 그녀들 덕분에 다시 볼 수는 없지만 추억 속의 높고 파란 하늘과 가슴을 설레이게 하던 노란 은행잎 속으로 오랜만에 들어가 본다.
　최근 나는 우연히 기도문 하나를 얻을 수 있었다. 보면 볼수록 그 내용이 좋아서 책상 머리에 두고 읽고 있는데 이름이 알려지지 않고 다만 '어느 17세기 수녀의 기도'라고만 알려져 있는 그 기도문의 내용은 다음과 같다.

　17세기 어느 수녀의 기도문
　주님,
　주님께서는 제가 늙어 가고 있고 언젠가는 정말 늙어 버릴 것을 저보다도 더 잘 알고 계십니다.
　저로 하여금 말 많은 늙은이가 되지 않게 하시고 특히 아무 때나 무엇에나 한마디 해야 한다고 나서는 치명적인 버릇에 걸리지 않게 하소서. 모든 사람의 삶을 바로잡고자 하는 열망으로부터 벗어나게 하소서. 저를 사려 깊으나 시무룩한 사람이 되지 않게 하시고 남에게 도움을 주되 참견하기를 좋아하는 그런 사람이 되지 않게 하소서.
　제가 가진 크나큰 지혜의 창고를 다 이용하지 못하는 것은 참으로 애석한 일이지만 저도 결국에는 친구가 몇 명 남아 있어야 하겠지요. 끝없이 이 얘기 저 얘기 떠들지 않고 곧장 요점을 향해 날아가는 날개를 주소서.
　제 팔다리, 머리, 허리의 고통에 대해서는 아예 입을 막아 주소서. 제 신체의 고통은 해마다 늘어 가고 그것들에 대해 위로 받고 싶은 마음들은 나날이 커지고 있습니다. 다른 사람들의 아픔에 대한 얘기를 기꺼이 들어주는 은혜야 어찌 바라겠습니까마는 적어도 인내심을 갖고 참을 수 있도록 도와주십시오.

  제 기억력을 좋게 해 주시고 감히 청할 수는 없사오나 제게 겸손한 마음을 주시어 제 기억이 다른 사람의 기억과 부딪칠 때 혹시나 하는 마음이 조금이나마 들게 하소서. 저도 가끔 틀릴 수 있다는 영광된 가르침을 주소서.

  적당히 착하게 해 주소서. 저는 성인까지 되고 싶지 않습니다. 어떤 성인들은 더불어 살기가 너무 어려우니까요. 그렇더라도 심술궂은 늙은이는 그저 마귀의 자랑거리가 될 뿐입니다. 제가 눈이 점점 어두워지는 것은 어쩔 수 없겠지만 저로 하여금 뜻하지 않는 곳에서 선한 것을 보고 뜻밖의 사람에게서 좋은 재능을 발견하는 능력을 주소서.

  그리고 그들에게 그것을 선뜻 말해 줄 수 있는 아름다운 마음을 주소서.

  아멘.

내가 사는 화성

장영길

　내가 사는 곳 화성 화성 산다고 하면 일반 사람들은 연쇄살인 사건을 먼저 떠올린다. 그만한 이유가 있을 만하다 지역은 넓고 경찰서도 없는 군 마을이기 때문이다. 지금은 시로 승격하면서 경찰청사도 건립 중이고, 국제 요트 대회도 개최하는 등 많은 발전을 하고 있다.

　나는 아침저녁으로 불어오는 서늘한 바람을 맞으며, 풀벌레 소리를 듣는다. 길옆엔 고개 숙인 벼가 황금벌판으로 이어져 있어 마음만은 따스하다. 도심에선 각종 오염으로 숨쉬기가 답답하지만, 집 앞 채소밭에선 배추가 튼실이 익어가고 비가 오면 개구리도 울고, 맹꽁이 우는 소리가 정겹다.
　환경오염으로 맹꽁이 보기가 힘든 도시에 살지 않는 것이 얼마나 다행스런 일인가 그뿐이랴 내 집 가까운 곳에는 모 TV 방송 드라마에 나왔던 이산 촬영 현장인 융건릉이 있는데, 이는 조선 사적206호로 지정되어 있는 역사 유적지이다. 입구에서 들어오면 안내도가 있는데 A B C 세코스로 나뉘어져 있다. A코스는 건릉이고B코스는 융릉이고, C코스는 변두리를 도는 산책 코스다.
　정문 앞에서 이리구불 저리구불한 길을 얼마쯤 가다보면 짧은 돌다리를 건너고 왼쪽으론 아담한 연못에서 이곳에는 비단 잉어와 연꽃이 신접살림을 차려 행복하게 살고 있다.

그곳을 지나가면 융릉에 사도세자와 혜경황후를 모신 곳이고 건릉의 정조대왕과 황후가 안식을 볼 수 있다.

태곳적 소나무와 참나무가 숲을 이루고 있어, 평상시에도 많은 사람들이 즐겨 찾는 곳이다.

시야가 좁은 나에겐 더할 나이 없는 산책길이다.

이곳을 내가 자주 찾는 이유 중 하나로 높지 않은 야산이고 바위도 없고, 산책길이 흙길로 되어 있어 위험성이 거의 없기 때문이다.

갑자기 바람이 없고 아늑함을 느낀다.

마치 아기를 품에 앉은 어머니 품속 같은 포근함과 치마 자락 끌리며 사뿐사뿐 걷는 새색시처럼 설레인다.

주위를 돌아보니 다람쥐와 청설모가 내 시선을 끈다. 간간히 들리는 새소리는 정겨움과 자연의 아름다움을 한층 더 실감케 한다.

낙엽을 밟을 때 떠오르는 시상을 적는다.

붉은 노을을 바라보는 황홀한 울음이 들린다

별이 총총 낙엽위로 떨어진다

전설로 쓰러져가는 내 살점들

흔적만 두고 간 매미름이 나를 보며 웃고 있다

정조왕이 억울하게 돌아가신 아버지를 위해서 20여 년을 공들여 조성한 산림에 오면 누구나 글을 쓸 수 있는 화성에 살고 있다는 생각이 들어 나는 행복하다.

하늘이 울던 날

정혜선

　나풀거리던 눈발이 어느새 함박눈으로 변했다. 이런 날이면 스물다섯 해를 같이 늙어 온 책 한 권이 한 아픔으로 일어나 마주 앉는다.

　학교 간 아이들이 돌아 온 줄 알고 현관문을 열었다.
　젊은 사람이 "안녕하세요? 모범 서적을 권해 드리려고 왔습니다. 총 20권으로 된 '학생대백과사전'입니다. 중·고생에겐 꼭 필요한 책이지요."
　나는 아이들도 어리고 또 미리 사줄 만 한 형편도 못 되고 해서 거절 하려했다가, '백과사전'이라는 말에 그럼 생각해 볼 수도 있다는 느낌이 들었다.
　"백과사전이요?"
　영업사원 아저씨가 잠시 머뭇거리다가, '세계문학전집' 30권을 추가 구입하면 백과사전을 선물하겠다고 말했다. 형편상 무리임을 알면서도 50권의 책을 구입하기로 했다. 드디어 책이 왔다. 그런데 백과사전은 없었다. 화가 치밀어 오르면서 무의식중에 전화기를 들었다. 그곳으로 전화를 하여 백과사전이 안 왔다고 하자. 영업사원이 내일 직접 갖고 갈 거라고 말을 전해준다. 순간 그 사람의 지위가 궁금했다.

"그 사람 출판사에서 높은 가요?"

"아뇨, 엊그제 입사 했는데 서울의대 중퇴했어요. 근데 이 사람, 이거 판매해 봤자 남는 게 없는데 어쩔려구 그런 약속을……."

다음 날 아이들 저녁상을 차리는데 '현대 국어 대사전'을 들고 왔다.

"이건?"

"죄송합니다. '백과사전'은 너무 비싸서요."

내 기대는 어긋났으나 그래도 두툼한 것이 맘에 들었다.

"저녁 전이시면 우리 아이들하고 식사 좀 하실래요?"

"정말입니까? 고맙습니다. 선뜻 내 아이의 방으로 들어가는 상을 받아 들어간다.

"야아, 된장찌개 정말 맛있는 데요, 누가 2학년이니?"

"저요"

"우린 한살 차이라 저는 2학년이구, 우리 누난 3학년이에요."

"쌍둥인 줄 알았는데 아니었구나. 찌개 진짜 맛있다, 그지?"

"네."

조용히 밥만 먹는 딸과는 달리 낯선 사람에게 또박또박 대답 잘해 주는 아들이 대견했다.

"아저씨가 너희들 공부 도와줄까?"

주방을 치우던 내 손이 절로 멈춘다.

"그냥요?"

"그럼, 그냥이지."

"왜요?"

"찌개가 아주 맛있어서……."

느타리버섯과 두부에 멸치 몇 마리 부숴 넣고 된장 풀어 끓였을 뿐인데, 그토록 맛이 있다니 마음속으로 고마워했다. 하기야 춥고 허기진 겨울 저녁에 무엇인들 맛이 없으랴. 아무튼 한 주에 한 번씩 아이들과 만나기로 약속했다. 이틀을 꿈같이 보낸 다음날, 아침부터 눈발이 매서웠다. 이런 날에 만삭의 임산부가 우리 집을 찾아 왔다.

"안녕하세요. 엊그제 책 구입하셨지요? 부탁드릴 말씀이 있어서요."

얇은 손수건으로 머리와 어깨의 눈을 쓸어내리며 숨을 몰아쉰다. 나는 수건을 주어 물기를 닦게 하고 따뜻한 보리차를 마시게 했다. 귀티 흐르는 고운 얼굴이다.

"책이 뭐 잘못됐나요?"

"그게 아니고요, '국어사전'을 좀 돌려 주셨으면 해서요."

나는 머리가 띵 하면서 어처구니없이 떨어져 나간 맷돌 같아졌다. 한마디로 기가 막혔다. 약속은 백과사전으로 하고 들고 온 것은 국어사전이고, 이제 와서는 그것마저 내 놓으라니! 그것도 만삭의 아내를 내세워서…….

나는 발끈해진 김에 야무지게 말했다.

"나, 저 많은 책들 사구 싶어서 산 게 아니었거든요?"

"그이한테 얘기는 들었습니다."

"근데 어떻게 그런 말을, 사람 갖고 장난쳤나요? 알량한 책 팔기 위해서?"

"그건 정말 아니고요. 사전을 갖다 주지 않으면 우리가 사전 값을 물어주어야 하는데, 정말 죄송합니다."
"그럼 우리 해약해서 애당초 없었던 걸로 해야겠네요. 아기 아빠, 오라고 하세요."
"도와주세요. 돈이 너무너무 없어서……. 아기도 곧 낳아야 하는데, 당장 먹고 살 것조차 없으니까. 막막합니다. 이렇게……."
그녀는 더 이상 말을 잇지 못하고 그만 울어 버렸다. 순간 가슴에서 뭉클한 것이 치밀어 올라 코끝을 붉게 만들더니 눈가가 싸르윽 해온다.
10년 전의 나를 보는 것 같았다. 나는 국어사전을 돌려주기로 결심하고, 아기 아빠를 보내라고 했다. 내 딴에는 본인에게 직접 건네면서, 아이들과의 약속을 확인 하고 싶었기 때문이었다.
새댁을 안심시켰다. 탐스러운 함박눈을 맞으며 새댁이 자박자박 눈길을 걸어가는 뒷모습을 한 참 동안 보고 있었다. 나는 그 다음 날에야 비로소 알게 되었다.
그날 하늘은, 슬픈 그들과 나를 대신해서 조용하고도 맑게 울었다는 것을.

행복 그거 별거 아니더라.

조승현

딸 아이 옷을 한 벌 사 입히려고 벼르다가 함께 시장을 갔다.
한참 젊고 싱싱한 나이에 멋진 옷을 입고 싶겠지만, 꾹 참고 가벼운 내 주머니사정까지 챙겨 주는 딸아이를 보면서 이제 다 컸다는 느낌이 들었다.
언제 저리도 훌쩍 커버렸을까! 딸아이가 대견스럽기도 하고 한편으로 안쓰럽게 보였다.

85년 8월 20일경 군에서 전역한 남편과 뭐가 그렇게 급했는지 아무 준비도 없이 서둘러 결혼을 했다
우리는 둘이 같이 있을 수 있다는 것만으로 행복했었다.
나이를 어디로 처먹었는지 철부지도 그런 철부지가 없었다.
스물다섯 새색시 연탄불도 갈 줄 몰라 둑하면 불씨가 될 연탄불을 깨버리고 난감해 쩔쩔맨 적이 한두 번이 아니었다.
다 타버린 연탄재만 떼어 내야 하는데 악착같이 달라붙은 연탄재는 철딱서니 없는 나를 놀리기라도 하는지 여간해서 떨어질 줄 몰랐다.
꿈 같은 신혼생활이 시작되자마자 입덧을 하면서도 임신한 것조차 몰랐었다.
그해 겨울은 유난히 눈이 많이 내린 해였다. 남편의 사랑한

다는 말까지 얼어버릴 만큼 추웠다.
　20년 만에 폭설로 한라산 등반객이 근처 숙박 시설에 발이 묶였다는 뉴스도 들렸다
　으슬으슬 한기를 느끼면 겨울이니까 춥겠지 생각하고 옷만 두둑이 껴입었다.
　날이 갈수록 입덧이 심해 물도 삼키지 못했다.
　음식 냄새는 물론이고 음식물만 보아도 헛구역질과 구토를 하는 바람에 몸은 약해졌다.
　남편 입에서는 왜 그리도 입 냄새가 지독하던지 낮에 먹었다는 자장면 냄새까지 느껴지며 욕지기가 났었다.
　형편이 이러하니 링거액을 꼽고 나서야 겨우 앉거나 설 수 있었다. 그런 중에도 체중은 늘기만 했다.
　만사가 귀찮고 무기력해 지면서 아무것도 할 수 없을 정도로 힘이 들었다.

　"엄마! 이건 어때? 색이 참 예쁘다!" 갑자기 딸아이의 질문에 꿈만 같았던 신혼에서 돌아왔다.
　"야, 네가 입을 건데. 네 맘에 들면 그걸로 사."
　옷이 마음에 들었는지 이리저리 살펴보던 딸아이가 주인과 흥정하려고 가게 안으로 들어가자 나는 다시 그때 그 신혼으로 날아간다.

　참 이상했다. 사실 신혼생활이란 것은 고통의 연속이었는데 그때나 지금이나 전혀 괴롭고 아픈 기억으로 남지 않았다.

뼛속까지 한기가 스며들어 일어설 수도 앉을 수도 없었고 엉덩이뼈가 어긋나는 듯한 통증도 모두 잊어버렸다.

가슴, 배, 엉덩이가 가려워 밤새 잠 한숨 못 자고 남편의 스킨 료숀을 찍어다 문지르며 손톱을 세워 꼭꼭 찌르고 얼마나 긁었는지 피부가 시커멓게 변하고 거북이 등딱지처럼 딱딱하게 변했었다.

그런데도 모든 일이 하나도 괴로운 기억으로 남지 않았다는 것이 이상하다.

아무리 그때를 생각해 보아도 신혼의 달콤한 기억은 없었다. 책 속에서나 읽을 수 있고 먼 나라의 남 이야기 같았다.

기쁨과 두려움과 초조함이 뒤엉켜 까무러칠 만큼 혼쭐이 났었던 출산의 고통을 깡그리 잊지 않고서야 어떻게 둘째 아이를 낳았을까.

임신, 출산! 그렇다 생각하기도 싫다. 그러나 마음으론 여전히 허락이 된다. 참 멍청한 년이다.

아! 그 멍청한 년의 배가 살살 아프기 시작했다. 달력을 흘깃 보았다. 분만 예성일에서 사흘 앞인 8월 13일이었디.

갑자기 불안했다. 열 달 내내 먹지도 못했었다. 이제 몸은 약해질 대로 약해졌겠다. "건강한 아기를 품에 안을 수 있을까!

어른들 말씀대로 지금까지 아팠든 모든 게 없어질까?! 태어날 아기를 위해서 진작에 억지로라도 아무거나 퍼먹을 걸 그랬다!"

풍수가 따로 없다. 왜 지금에야 냄새도 맡기 싫었던 막국수가 먹고 싶은지 모르겠다. 배가 점점 더 아파졌다. 급히 서둘러 병원으로 달려갔다.
 의사는 산모가 초산에다 몹시 허약해서 정상 분만할지 걱정이란다. 분만 촉진제 쿡 찌르고 기다려 보잖다.
 이때처럼 인간의 나약함을 절실히 느끼진 못했었다. 내가 할 수 있는 일은 하나도 없었다. 의사가 기다리지 말래도 신에게 맞기고 기다려야 했었다.
 어느, ─── 순간! 느닷없이, 깜짝 놀랄 만큼, 까무러칠 만큼, 정말이지 하늘이 노랗게 보인다더니만, 정말 죽을 만큼 고통스러운, 그런, 순간이 밀려오고 밀려갔었다.
 그렇게 아기는 내 품에 안겼다. 눈물이 날만큼 기뻤다. 건강한 여자 아기였다. 열 달 내내 먹지도 못했었는데, …… 아기는 무려 4kg이란다.
 머리카락도 곱슬곱슬 숱도 많았다. 태어났다는 신호로 한바탕 울고 나서 사방을 두리번거리며 세상을 구경하는 똘망똘망한 아기였다.

 "엄마 뭐 해 다른 곳으로 가자!"
 갑자기 딸 아이 목소리에 정신이 들었다.
 딸의 손은 빈손이었다. 생각보다 비싸다고 다른 곳으로 가자고 이끈다. 온몸에 태열 기로 밤이 새도록 울며 보채며 떼를 쓰던 아이가 이렇게 의젓하게 자라서 이제 가정 형편을 생각하고 제 욕심을 억제할 줄 알았다. 정말 고마웠다.

 어른들 말씀은 아기가 땅을 밟으면 온몸에 퍼진 태열이 나을 거라고 해서 걷지도 못하는 아기를 일부러 맨바닥에 손잡고 걸음마도 시켰었다.

　아기가 걸음마를 할 정도로 크면 저절로 사라진다는 말을 이해 못 한 것은 아니지만, 치료를 열심히 받아도 낫지 않고 아파하는 것을 옆에서 그냥 보고만 있을 수가 없었기 때문이었다.

　산 넘어 산이라고 출산만 하면 모든 것이 원래대로 돌아갈 줄 알았었다. 한 남자의 아내로도 애 엄마로도 한참 모자랐다는 걸 그제야 알았다.

　아기가 젖을 적게 먹으면 변비가 된다는 것도 그제야 알았다. 아무리 먹이려 해도 60cc 정도만 먹으면 젖병에서 입을 떼고 다시 물리면 도리질하는데 별도리가 없었다.

　그래도 행복할 수 있는 조건은 모두 가진 것 같았다. 내가 사랑하는, 날 사랑하는 남편도 항상 옆에 있고, 가슴을 나누어 갖은 딸아이도 무럭무럭 자랐다. 이제 시간이 지나면 언제 그랬냐 하면서 매일이라도 웃을 수 있으려니 했다.

　그런데 아니었다. 하늘은 내가 행복해 하는 꼴이 보기 싫었는지, 어느 날, …… 기가 딱 막힐 일이 벌어졌다.

　젖병에 분유를 털어 넣고 따끈한 물을 쪼르륵 붓고 잘 섞이라고 위아래로 흔드는데 갑자기 현기증이 일어나면서 앞이 보이지 않았다.

　도리질을 해 보았다. 쓰러지지 않으려고 벽을 더듬었다. 그러나 아무 소용없었다.

　"엄마! 내 눈, 나 눈이 보이지 않아." 말 그대로 앞이 캄캄했다. 그게 전부였다. 내가 할 수 있는 것은 여기서도 아무것도 없었다.

급히 아기를 포대기에 싸서 둘러업고 병원으로 달렸다. 의사가 실명이란다.

시신경 위축이란다. 혹시 모르니 빨리 큰 병원으로 간다. 그제야 사정없이 눈물이 솟았다. 도대체 왜 이렇게 인생이 꼬이는지 모르겠다.

눈이 보이지 않는 년이 아기 젖병에 분유하고 물을 어떻게 넣지? 똥은 또 어떻게 하지? 시어머니는 뭐라고 하실까? 아직 경제력이 없는 남편은 뭐라고 할까? 등등 머릿속이 어지러웠다.

절대고통. 이것이 바로 절대고통이었다. 아침에 따사로운 햇볕이 나면 햇볕이 그렇게 아름다울 수가 없다는 걸 그제야 알았다.

절대 고통은 또 있었다. 어느 날 친구가 놀러 왔었다. 아기 눈이 퉁퉁 부어 감겨 있다고 얘기했다. 나는 깜짝 놀라 안과로 뛰었다. 아니, 친구의 안내를 받아 의사 앞에 설 수 있었다. 의사가 말했다. "속눈썹이 안구를 찌르고 있습니다. 걱정하지 마세요."

아기나 나를 위해 무기력하다는 것 역시 절대 고통이었다. 딸아이가 병이라도 나면 내가 할 수 있는 것은 눈물을 흘리며 남의 도움을 기다리는 것밖에 아무것도 할 수가 없었다.

급한 마음에 아니 남편이나 시부모님에게 혼자 할 수 있다는 걸 보여주려고 잔뜩 용기를 내서 딸아이를 둘러업고 더듬거리며 택시를 잡으려고 했었다.

택시가 내 앞에 서는 것 같았다. 그러나 핑하고 지나갔다.

한 대, 두 대, 옆에 나와 함께 택시를 기다리는 사람들은 사라지고 다른 사람이 잠시 택시를 기다리다 역시 말없이 사라지는 걸 느꼈다.

이를 앙다물고 눈물을 흘리지 않으려고 애를 쓰지만 쏟아지는 눈물을 막지 못했다. 억울했다. 무언지 모르지만, 분하고 억울했다.

그 절대 고통에서 나에게 힘을 주는 것은 포대기에 돌돌 말려 내 등에 매달린 딸아이뿐이었다.

더듬거리며 한 발 한 발 내딛는 용기도 시력을 잃고 주저앉아 울지 않을 수 있는 것 모두 딸아이가 내게 준 힘이었다.

"아! 엄마 잠깐만, 이 옷 멋지다. 기다려 봐."
딸아이가 마음에 드는 옷을 발견했나 보다.

잠시 기다리는 사이에 또 나는 목발을 짚었을 지난 시간으로 가 있었다.

어느 날 햇살이 너무 따듯해 보이지도 않는 눈으로 아기를 등에 업고 햇볕을 만지겠다고 밖으로 나갔다. 자주 다니는 길이라고 건방을 떨며 다른 때보다 좀 방심했었다.

날씨가 따듯해서인지 주위에 사람들도 많았다. "혹시 누군가 나를 보는 것이 아닐까?" 하는 생각을 하며 눈이 보이는 척 폼 나게 걸었다.

순간, 허공에 부웅 뜬다는 느낌이 들었다. 발목이 저렸다. 일어서려고 했다가 그만 도로 주저앉고 말았다. 발목에 심한 통증이 왔다 도저히 디딜 수가 없었다.
 딸 아이의 울음소리가 귓전에 들렸다. 손을 앞으로 더듬거려 찾았다. 없다 아기가 없다. 정신을 차려 다시 들어 보았다.
 누군가 우는 아기를 안고 어르면서 내게 말했다. "편찮으세요? 일어설 수 있으세요?" 대답을 할 수가 없었다. 목이 메어 눈물만 흘렀다.
 동네 개구쟁이 회초리에 얻어 맞고 오뉴월 논두렁에 나자빠진 개구리 생각이 났다. 서러웠다.
 발목뼈에 두어 군데 금이 갔단다. 결국, 깁스를 하고 목발을 짚어야만 했었다.
 암담했다. 재래식 화장실인데 어쩌지?!. 민망하게도 난 요강으로 몇 개월 모든 걸 해결해야만 했었다. 지금이야 지난 일이니 그때 생각하고 "큭큭" 웃어버리지만, 엎어지고 자빠지고 시련이란 시련은 몽땅 내게만 오는 것 같았다.

 "엄마! 이걸로 할래, 돈 주라."
 결국, 딸아이가 사기로 했나보다. 지갑을 건네 주었다 그리고 물었다.
 "얼마짜리냐? "
 "으응, 4만 원이야."
 지독한 딸아이다. 아래위 한 벌에 4만 원이라니 백화점에 보면 셔츠 한 장에도 그 정도는 되겠다.
 내가 눈이라도 보이고 보통의 건강한 엄마였다면 저러지 않을 텐데. 딸아이에게 미안했다. 가게에서 나오는 아이의 손을 꼭 잡았다. 따듯했다.
 이런 딸아이를 연탄가스로 잃을 뻔했다니 그때 생각을 하면 지금도 아찔했다.

 당시는 보통의 가정에서 모두 새마을 보일러를 사용할 때였다. 친정에 다니러 왔다. 연탄불이 꺼져 있었다.
 우선 전기장판을 켜고 아기를 눕혔다. 그리고 연탄에 불을 댕겨 보일러에 넣고 아기 옆에 누웠다. 그리고 깨어난 곳이 병원이었다.
 천천히 정신이 들면서 옆을 더듬었다 아기가 없었다. 갑자기 불길한 생각이 들었다.
 무슨 말이라도 해야겠다. 그런데 생각과 다르게 하고 싶은 말은 입속에서 뱅뱅 돌고 입 밖으로 나오지 않았다.
 "우으이, 아아그 으드 가으스어흐" 눈물이 주르륵 흘렀다. 그리고 이내 다시 잠속에 빠져들었다.
 다행히 딸아이는 오히려 나보다 회복이 빨랐다. 나는 남편을 끌어안고 펑펑 울었다. 남편은 내 등을 도닥이며 괜찮다고 내 눈에서 흐르는 눈물을 닦아 주었다.
 못난 아내 때문에 시어머니 앞에서 고개를 제대로 들지 못하는 남편, 보이지 않는 것이 무슨 감투라고 서슴지 않고 온갖 투정 다 받아 주는 남편, 어머니 눈치 보랴, 아기 보살피랴, 못난 아내 챙기랴, 정말 할 일이 아니었다. 남편이 정말 고맙고 자랑스럽다.

"엄마 도대체 무슨 생각하는 거야 버스 왔잖아 빨리 타!" 딸아이가 내 손을 잡고 버스 안으로 이끈다. 정신이 번쩍 들었다.

나는 속으로 혼잣말로 대꾸했다.

"얘야! 난 지금 무지 행복하단다. 네가 벌써 대학을 졸업하다니, 둘째도 수시합격했고, 얼마나 고마운지 모르겠다. 아마 아빠도 나와 같은 생각일 거다."

이건 진심이었다. 스위치 한 번 누르면 온 집안이 따듯하고 화장실도 집안에 있고, 이것만으로도 호강한다는 생각이다.

어느새 나보다 훨씬 커버린 너희와 팔짱을 끼고 든든한 친구처럼 읽고 싶은 책을 사려고 서점도 가고, 아빠 몰래 포장마차에서 갯장어 구워 소주도 한 잔,

어느 것 하나 행복하지 않은 것이 없다.

애야 이 정도면 참으로 아름다운 삶이 아니겠느냐?

빗방울처럼

종광희

새벽에 목이 말라 일어났다.
그런데 이게 웬일!
보리차 끓여놓은 물이 조금밖에 없다.
남아 있는 물을 컵에 따라 놓고는 주전자를 깨끗이 씻어 물을 끓이는데!
창밖 너머로 빗방울 아우성이 들려온다.
침대로 올라가 창문을 열고는 밖에서 방안으로 밀려 들어오는 빗방울이 땅에 부딪치며 산산이 흩어놓은 흙 내음을 제 코끝으로 전해온다
가슴속 깊이 들여 마신다.
빗소리를 들으며 추억을 생각한다.
20년지기 여자친구의 결혼식장에서 오랜만에 함께 했던 친구들의 모습!
한 녀석은 일찍 장가를 간 덕분에 큰 딸이 벌써 중3이란다.
친구 딸인데 어떠냐라고 하겠지만 성숙해버린 녀석에게 어릴 적처럼은 못 대하겠다.
제각기 가정을 꾸리고 살아가는 녀석들도 조금씩 나이 들어가는 티가 난다.
생활에 찌들어 벌써 흰 머리카락이 보인다며 징징대는 아줌

마 친구들!
마누라 등살에 고개가 절로 숙여진다는 남자 친구들!
이런 녀석들은 혼자 사는 나를 위로하려 해선지, 혼자 사는 게 편하다며 부러워한다.
녀석!
내가 참한 색싯감 하나 소개해달라고 말할까 봐 미리 그러냐고 대들었더니, 한바탕 웃음바다가 되었다.
우리 테이블이 가장 소란스러운 것 같다.
모두가 지난 시간의 공간을 메우려는 듯 저마다 추억들을 한 보따리씩 꺼내 논다.
그 안에서 맥주 딱 2잔을 마시곤 다음에 또 만나자는 인사를 새겨두고는 집에 돌아왔다.
내일 모레면 40대가 되는 친구들,
모두 건강하게 만났으면 좋겠다는 바람 덧없는 욕심일까?
모두 20년이 넘게 지내온 친구들!
시각장애인이 된 나를 바라보며 안타까움에 눈시울 적시던 녀석들!
언제까지나 우리 함께 하자꾸나!
한 방울 한 방울 함께 어우러져 떨어져 고인 호수처럼

가을

황월분

　가만히 있어도 가을은 오는데……
　왜 사람들은 서둘러 산으로 갈까?
　왠지 나도 모르지만 몸보다 마음이 앞서 길을 나선다
　허둥거리며 갈아입은 붉은 색 점퍼에 붉은 바지를 입고 집을 나선다.
　전철을 타고 2시간이나 다 되어서야 도봉산역에 내렸다.
　배낭을 지고 산으로 가는데 갈수록 사람들은 산으로 숨어버린다.
　술래잡기를 하는지 나왔다 숨고 숨었다가 나오는 것이 마치 단풍이 출렁출렁 춤을 추는 것 같다.
　우리는 넓은 바위 위에 올라와 보니 사람들은 사진도 찍고 이야기도 피우며 야호도하고 메아리도 부른다.
　나도 숨을 몰아 뱃속 깊이 넣은 다음 "야호~~" 크고 길게 목이 터져라 몇 번이고 불러본다.
　야호를 부르는 것은 하나님의 창조물이 너무 아름다워 여호와의 약자 "야"와 '부르다'의 '호'를 붙여 "야호"라고 부른다 한다.
　우리는 땀을 식힌 후 가지고 온 도시락을 펴놓고 막 먹고 있었다.

그때 어디서 날아왔는지 까마귀 떼가 하늘을 빙빙 돌며 울어댄다.

친구는 까마귀가 먹을 것을 달라고 우는 거라며 밥을 한 숟가락 푹 떠서 휙 던진다.

나는 밥을 먹으면서 까악까악 울어대는 까마귀 소리 따라 시골 할머니에게로 끌려가고 만다.

할머니는 아침이면 텃밭에 고추를 따러 가신다.

할머니는 식사 때마다 꼭 고추가 있어야 한다.

나도 따라가 애기 고추를 따고 할머니는 약 오른 고추를 따신다.

동이 막 틀 무렵 까마귀가 까악까악 운다.

할머니는 고추 따던 손을 멈추고 고추밭의 돌을 집어 휘이휘이 돌을 날려 까마귀를 쫓으신다.

까마귀가 울면 좋지 않은 일이 생긴다며 날아 갈 때까지 돌을 던져 쫓으셨다. 지금은 안계시지만 작은 키에 예쁜 쌍꺼풀 눈을 가진 할머니가 보고 싶다.

나는 할머니의 짐꾼이자 비서이다. 짐이 있는 곳엔 여지없이 "월분아~" 부르신다.

며칠 남지 않은 추석 대목장을 보려고 5일에 한 번 서는 홍성장을 꾸불꾸불 산길을 따라 먼 2십 리 길을 쌀과 잡곡을 머리에 이고 간다.

내 머리에 인 쌀은 할머니 머리에 인 쌀보다 곱절이나 더 무겁다.

그래도 할머니는 뒤쳐져서 보이지 않는다.

한참을 기다렸다가 가까워지면 또 걷고 하기를 몇 차례고 반복하며 겨우 점심때가 되서야 장에 도착한다.

마음은 할머니를 업고 싶지만 쌀을 길에 내려놓지도 못하고 그냥 쌀을 머리에 인 채로 섰다가 가는 것이다.

할머니와 장터 입구에 들어서자 장사꾼은 얼른 알아보고 와서 쌀을 받아가지고는 말로 되어 값을 쳐준다.

그 사이 내 눈은 장을 한 바퀴 둘러본다.

사람들이 "이놈은 얼마유?" "저놈은 얼만디유?" 하며 다니는 사이로 울긋불긋한 과일이 눈에 확 들어온다.

사과, 배, 감, 밤, 고구마, 마른오징어 모두 가슴에 닿는 순간 침은 목구멍의 목젖을 당기고 뱃속은 야단이지만 나는 조용히 참아낸다.

할머니는 사과, 배, 생선 타래실 등 여러 가지 물건을 조금씩 사서는 서로 나누어 머리에 이고 온다. 오는 길에 월개 복숭아 과수원길 옆에 짐을 내려놓는다.

쉬기도 하지만 짐을 다시 간추려야 산길을 갈 수 있기 때문에 사람들은 이곳에서 서로기 산 물건의 값도 묻기도 하고 펴 보기도 하며 쉬었다 가는 곳이다.

해마다 이맘때면 월개 복숭아도 살 겸 장에 오는 것이다.

할머니는 과수원 주인에게 얼마의 복숭아를 사서 싱싱한 것은 집에 가지고 갈 것이라 그릇에 담고 한쪽이 물러 썩은 것은 덤으로 얻어 껍질을 베껴 발라 먹는다.

그 황도복숭아는 먹을 때 물이 뚝뚝 떨어지는 게 그것도 1년에 한 번밖에 못 먹는 것이라는 생각에 맛은 더욱 꿀맛이다.

이제 자리를 털고 일어나 끈끈한 손을 닦고는 허기를 면한 배를 추스르며 허리띠를 고쳐 매는 할머니의 눈은 내 눈과 마주치며 만족한 얼굴로 자리를 뜨는 나의 발걸음은 훨씬 가벼워졌다. 아마 할머니도 그럴 것이라 생각하며 마음은 흥겨워 머리 짐을 이고 간다.

다시 만날 수 있다면 할머니께 "까치는 부모를 몰라봐도 까마귀는 부모를 잘 섬긴데요"라고 말해드리고 싶다.

審査評

(재) 정인욱복지재단
CHUNG IN WOOK HUMAN SERVICE FOUNDATION

■ 심사평

삶의 진정성 묻어나는 작품 많아

　응모자들의 작품을 메일로 보내와서 전체를 일독하였습니다. 장르 중에 동화와 소설이 추가되어 적지 않은 품이 들었지만 의외로 좋은 작품이 눈에 들어 흐뭇 했습니다. 가슴이 뭉클해져 눈시울을 적시기도 했으며, 때로는 안타까워 애닳아 하기도 했습니다. 모두가 심혈을 기울여 한 땀씩 엮어나가는 진지한 자세가 덧보였고 그런 작품을 대한다는 것이 경외스럽기도 하였습니다. 응모해주신 모든 분들에게 감사의 드립니다. 심사 당일은 대개 수상 해당자들의 작품 중 더 좋다고 판단되는 작품을 선정하는 것으로 대신했습니다. 대부분의 작품을 떨어뜨리는 여타의 다른 문학 현상공모보다는 부담이 없어 한결 마음이 편안하였습니다. 다만 보내온 작품들이 다 괜찮은 경우가 있어 그 중에 정해진 편 수 만을 골라 뽑을 때는 고민이 되기도 했습니다.

　작년 1회와는 달리 작품의 양도 늘고 수준이 훨씬 높아졌다고 생각됩니다. 사물에 대해, 혹은 어떤 일들에 대하여 그려낼 때도 일전에 지적한 것처럼 그 대상에 국한하여 그리는 것보다는 그 대상을 둘러싸고 있는 사회적이나 역사적인 요인들을 살펴서 적는 경우가 많았습니다. 다만 이렇게 여러 가지를 잘 충족하려면 그 특성이 잘 그려지도록 묘사를 잘 해야하고, 균형 있는 사고와 감동의 문제에도 신경을 써야한다는 것입니다. 우리는 이 두 가지 요인을 감안하면서 심사를 하였고, 조금 서투르고, 조금은 덜 형상화가 되었다할지라도 그 마음이 진솔하고 순수하면 가급적 선정하도록 했습니다. 좀 더 많은 분들의 작품을 선정하기 위해 시는 3편으로 수필은 2편으로 제한했습니다.

그럼에도 차후의 공모를 위해서라도 한두 가지를 지적하고자합니다. 지난해에도 지적했다시피 어떤 대상을 그릴 경우 그 사물이 가지고 있는 고유의 특성을 잘 살려야하는데 신선하고 새로운 표현이 나오는데 그렇시 못한 경우가 종종 있있습니다. 그런데 이와는 다르게 주변의 일이나 어떤 사건을 얘기하는 데는 좀 더 넓은 시각이 필요합니다. 나와 가족에만 치우 칠 경우 넋두리가 되기 쉽습니다. 일반화가 필요하다는 얘기지요. 일반화의 시각은 그 대상을 둘러싸고 있는 사회적이나 역사적인 요인들을 살피는 안목이 있을 때라야 가능합니다. 너무 의도화하지 않고 조심스레 삽입한다면 훨씬 감동적이고 의미 있는 작품이 될 것입니다.

이번 공모전은 앞으로도 지속될 예정이라고 하니 이 공모전이 시각장애인 모두의 좋은 발표장이 되기를 기대합니다. 문학의 힘과 사랑을 믿는 수상자 여러분 모두를 진심으로 축하합니다.

■ 심사위원
이지엽 (경기대학교 국어국문학과 교수, 시인)
김정희 (한국 부름의 전화 자원활동대 대장)